novum 🔔 pro

AF162891

Edith Ellwanger

Ein Buch fürs Leben

Gedanken über die Lebensreise
des Menschen und deren Sinn,
von der Geburt bis zum Tod
und darüber hinaus

novum pro

www.novumverlag.com

Bibliografische Information der Deutschen Nationalbibliothek:

Die Deutsche Nationalbibliothek verzeichnet diese Publikation in der Deutschen Nationalbibliografie. Detaillierte bibliografische Daten sind im Internet über http://www.d-nb.de abrufbar.

Alle Rechte der Verbreitung, auch durch Film, Funk und Fernsehen, fotomechanische Wiedergabe, Tonträger, elektronische Datenträger und auszugsweisen Nachdruck, sind vorbehalten.

Gedruckt in der Europäischen Union auf umweltfreundlichem, chlor- und säurefrei gebleichtem Papier.

© 2023 novum Verlag

ISBN 978-3-99146-189-0
Lektorat: Eva Schirnhofer
Umschlagfotos: Michael Mcdonald, Tartilastock I Dreamstime.com
Umschlaggestaltung, Layout & Satz: novum Verlag

www.novumverlag.com

Inhaltsverzeichnis

Der Sinn und Zweck dieses Buches 7

Wie alles begann 9

Mit den Augen eines Kindes 12

Wie das Leben so spielt 25

Unser seelisch-geistiges Fundament 39
Das Lebenselixier „Freude" 46
Die Lebenselixiere „Liebe & Werte" 48
Die Lebenselixiere „Glaube & Spiritualität" 66
Das Lebenselixier „Glück" 82

Ich möchte mich nun mit Ihnen auf den interessanten Weg der Selbstfindung/-entdeckung begeben 87

Vom Sinn des Lebens, vom Tod, und was kommt danach? 108

Aus dem praktischen Alltag: Lebens- und Heilungsgeschichten, spirituelle Gedanken und geistige Gesetzmäßigkeiten 116

Schlusswort 134

Der Sinn und Zweck dieses Buches

Manchmal im Leben scheint es, als wenn das, was dem Menschen an Situationen und Ereignissen widerfährt und wie der Lebensweg vom Grundsatz her verläuft, auf ein ganz bestimmtes Ziel ausgelegt ist. Wenn ich heute Rückschau halte auf mein persönliches bisheriges Leben, so würde dies bedeuten: Ich musste einen langen, teilweise beschwerlichen und tränenreichen, immer aber einen interessanten Weg der Erkenntnis gehen, damit die Herausgabe dieses Buches geschehen konnte.

Geschrieben wurde es zwar in einem bestimmten Zeitraum, der Inhalt jedoch entwickelte sich in einem langjährigen gedanklichen Prozess. Ausschlaggebend war die Suche nach Antworten auf Fragen, die mir auf dem Herzen brannten und die mehr sein sollten als nur glaubhafte Erklärungen. Das beanspruchte viel Zeit und auch Geduld. Nach all diesen Jahren des „Suchens" und des „Findens" hat sich in mir das Bedürfnis entwickelt, eine Zusammenfassung aus umfangreichen Themenbereichen anzubieten, die dazu beitragen können, so manches im Leben klarer zu sehen. Ich bin der Ansicht, dass dieses Wissen zu unserer „Grundausstattung" gehören sollte, deshalb bezeichne ich sie als die „Themen des Lebens" und möchte sie den Menschen nahebringen, die interessiert sind am Erkennen der Zusammenhänge und die finden wollen, wonach sie vielleicht ganz unbewusst schon lange suchen.

Ich möchte Sie teilhaben lassen an den hilfreichen Betrachtungsweisen und tief verinnerlichten Erkenntnissen psychologischer und spiritueller Art, die mein Leben in eine Richtung gebracht haben, von der ich heute einfach nur sagen kann: „Danke dem Schicksal für all die schwierigen Jahre." Ohne sie hätte nicht die Notwendigkeit bestanden, sich auf diesen schönen Weg zu begeben. Dieses Buch soll wie ein sanfter „Rippenstoß" wirken, um über sich selbst und das eigene Leben sowie über die kleineren und größeren Unstimmigkeiten nachzudenken. Es soll inspirieren und motivieren, andere und neue Sicht- und Denkweisen zuzulassen, und es soll anregen, sich mit dem ein oder anderen bedeutsamen Lebensthema eingehender zu beschäftigen. Für all die Themen, die ich hier angerissen habe, bietet der Buchmarkt eine hervorragende Auswahl an weiterführender Fachlektüre der Rubriken: Ratgeber, Lebenshilfe, Spiritualität. Aber auch interessante Vorträge werden vielerorts angeboten und persönliche Gespräche für den, der die individuelle Hilfestellung sucht.

Während meiner Suche nach „Wahrheiten" durfte ich den hilfreichen und wertvollen Wissensschatz sowie die Fähigkeiten vieler fachlich versierter Menschen in Anspruch nehmen. So lade ich Sie nun herzlich ein, sich mit mir auf die Lebensreise zu begeben, deren Anfang wir zunächst aus der Sicht der Kinder betrachten wollen. Im weiteren Verlauf sehen wir auf den mittlerweile erwachsen gewordenen Menschen hinsichtlich seines Denkens, Fühlens und Handelns, um uns dann den „Themen des Lebens" zuzuwenden. Dort berichte ich Ihnen von einem starken „inneren Fundament" seelisch-geistiger Art und es warten meine Erfahrungen auf Sie, die ich auf dem Weg der „Selbstfindung" machen durfte. Wir wollen uns mit der Frage nach dem Sinn des Lebens beschäftigen und sehen uns an, was es mit dem Tod auf sich hat, denn jedes Leben hat schließlich irgendwann sein Ende. Diesem Ende widmen wir interessante und tröstliche Gedanken und werden ein bisschen darüber hinausblicken. Um die Themen des Lebens abzurunden, lasse ich Menschen sprechen, die ich auf meinem Weg kennengelernt habe und die Spannendes aus ihren Lebens- und Heilungsgeschichten zu erzählen haben. Damit verbunden sind interessante Gedanken, Sichtweisen und Lebensweisheiten sowie geistige Gesetzmäßigkeiten.

Wie alles begann

Damals, im Alter von ca. 8 Jahren, hat es begonnen, mein ganz persönliches kleines Drama, denn ich spürte eine stetig wachsende Diskrepanz zwischen meinen Eltern und mir. In Wesen und Charakter hätten wir unterschiedlicher nicht sein können und so entwickelte sich mit der Zeit ein zwischenmenschlicher Unfriede. Ihre Anwesenheit versetzte mich häufig in Stress, denn sie wirkten auf mich „übermächtig" und ich fühlte mich ihnen gegenüber „ohnmächtig". Sie als reine Kopf- und Verstandesmenschen, ich als ein stilles, sensibles und gefühlsorientiertes Kind, dies passte einfach nicht zusammen. Meiner Wahrnehmung nach spielten Freundlichkeit, Liebe, Einfühlungsvermögen, Achtung, Wertschätzung und Verständnis in unserem Familienalltag keine Rolle. Diese Zeit war für mich nicht einfach, denn häufig war sie geprägt von Kritik, destruktivem Verhalten und verbalen Verletzungen. Die Gründe für solch abwertendes Benehmen konnte ich zunächst natürlich nicht erkennen. Ich war hilflos und suchte in erster Linie die Schuld bei mir. Als sich für mich da aber nichts fand, begann ich, mich mehr und mehr zurückzuziehen und mein Herz zu verschließen, meine Gefühle zu verdrängen, mich selbst und alles, was mit mir zu tun hatte – meine Optik, mein Wesen, meine Wünsche – abzulehnen. Ich hatte phasenweise keine Freude mehr an den schönen Dingen des Lebens und konnte mich schwer motivieren, überhaupt etwas zu tun. Da mir meine jüngere Schwester keine Verbündete war, fühlte ich mich in meiner Familie einsam, unwichtig, unbedeutend. Eine Kleinigkeit war damals Anlass, die das „Fass zum Überlaufen" brachte und alles spitzte sich zu. Unbewusst nahm ich schon lange wahr, dass ich so, wie ich war, nicht den Vorstellungen entspreche. Nun wurde es jedoch unmissverständlich ausgesprochen. Ein Hammerschlag für mich! Ich wurde also dafür „bestraft", dass ich nicht das „Traumkind" meiner

Eltern war! Ich war ihrer Ansicht nach zu ruhig, zu nachdenklich, zu tagträumerisch, zu inaktiv. Meine Wesenszüge passten nicht in das Bild und die Pläne, die sie für meine Zukunft hatten. Zunächst rutschte ich in eine Phase großer Traurigkeit, aus der ich mich glücklicherweise in dem Moment herausschälen konnte, als eine Lösung in Sicht war. Ein Ausweg war gefunden, der Entschluss gefasst: Wenn ich also nicht sein durfte, wie mich die Natur geschaffen hatte, dann musste ich mich eben verändern. Ich war so weit, dass ich mich auch schnellstens verändern wollte, und so ließ ich mich formen zu etwas, das ich nicht war. Ich ordnete mich in meinem Verhalten den Wünschen meiner Eltern unter, um auf diese Weise jede Kritik im Keim zu ersticken. Innerhalb kurzer Zeit verwandelte ich mich in ein Kind, das nach außen hin wunschgemäß funktionierte, das dafür aber einen hohen Preis bezahlte. Sich selbst zu verleugnen kann nicht glücklich machen, es kann psychisch nicht gesund sein und kann auf Dauer nicht gutgehen. Einige Jahre später kam, was kommen musste: Ich fiel in eine Depression, denn ich wusste nicht mehr, wer ich wirklich bin.

Dann endlich, mit 16 Jahren, „wachte ich auf" und mit den folgenden Fragen erfuhr ich meinen persönlichen „Wake-up-Call": „Wofür lebt der Mensch eigentlich? Beschränkt es sich wirklich nur auf essen, schlafen, Schule/Arbeit, ein bisschen Spaß und viele Probleme? Nur anwesend sein? Nur existieren ohne weitere Bedeutung?"

Diese Fragen, mein Interesse an menschlichen Verhaltensweisen und meine seit jeher gute Beobachtungsgabe waren Anlass und Beginn, mich mit den „Themen des Lebens" zu beschäftigen. Unzählige Lektüren, gute persönliche Gespräche, Vorträge und Seminare begleiteten meinen Weg. Und mit jeder Antwort, die ich dadurch fand, war es fast so, als öffnete sich eine Schatztruhe, die mich unendlich neugierig auf den weiteren Inhalt machte. Langsam aber stetig wichen innere Unruhe und Orientierungslosigkeit und es stellte sich vermehrt Gleichmut, Ruhe und Strukturiertheit ein. Aus Zweifeln wurde Klarheit und Sicherheit und mit jeder neuen hilfreichen Erkenntnis fühlte ich mich, als ginge die Sonne strahlend auf nach einer Schlechtwetterperiode. Wie durch ein Wunder setzte sich ein seelischer Heilungsprozess in Gang und es breitete sich eine neue positive Energie aus. Mein Verständnis und Vertrauen ins Leben wurden größer, je mehr ich um die Zusammenhänge wusste. Von da an schritt ich auf einem Pfad von essenzieller Wichtigkeit, den ich niemals mehr verlassen wollte.

Mögen Ihnen nun meine Erkenntnisse und Informationen Anleitung und Inspiration bieten sowie Ratgeber und Mutmacher sein auf Ihrem eigenen Lebensweg.

Mit den Augen eines Kindes

Liebe Leserin, lieber Leser, ich freue mich sehr darauf, mich mit Ihnen auf ein spannendes Abenteuer einzulassen, das wir „Leben" nennen und das seinen Anfang mit unserer Geburt nimmt, bzw. eine gewisse Zeit davor. Nicht alle unter uns sind Eltern, wir alle aber waren einmal Kind. Ich möchte deshalb zu Beginn über die Kinderjahre sprechen, denn diese Zeit ist zweifelsohne eine wichtige und bedeutende im Leben. Was in dieser Phase geschieht und wie diese Zeit verläuft, gibt dem weiteren Leben immer auch eine Ausrichtung. Mein Anliegen in diesem Kapitel ist, sich zu sensibilisieren für die Fühl- und Denkweisen des Menschen im Kindesalter. Was zählt, ist schließlich nicht allein das körperlich gesunde Wachstum eines Kindes, in gleichem Maße zählt seine psychisch-seelisch gesunde Entwicklung. Ich möchte Ihr Interesse wecken an der eigenen vergangenen Kindheit, denn dort ist häufig der Ursprung für innere Unstimmigkeiten im Erwachsenenalter oder auch für manche Schwierigkeiten und fragwürdige Verhaltensweisen zu finden.

Sehen Sie die Dinge ruhig öfter auch einmal aus der Sicht der Kinder. Sie zeigen uns schon auf, was wir selbst oft vergessen haben. Im Umgang mit dem kleinen, noch nicht zu stark von der Erziehung beeinflussten Kind, kann auch der Erwachsene viel lernen. Das Zusammensein mit Kindern bringt wieder dazu, ganz einfach nur Mensch zu sein. In einer teilweise haltungs- und wertearmen Gesellschaft stellt das Zusammensein mit Kindern eine herrliche Möglichkeit dar, sich wieder auf Natürlichkeit zu besinnen. Ein Kind ist ehrlich und offen. Es lebt im Augenblick, schert sich nicht um die Vergangenheit und macht sich keinerlei Sorgen um die Zukunft. Weder hat es Angst, sich zu blamieren, noch Angst, etwas falsch zu machen. Mit vertrauensvollen Augen schaut es in die Welt, denkt nichts Schlechtes über sie und erwartet auch nichts Schlechtes durch sie.

Die Kinder sind unsere Zukunft! Sie sind es nicht nur deshalb, weil sie einmal künftige Renten bezahlen, sondern weil von ihnen der Zustand der künftigen Gesellschaften abhängt. Die Zeit, die Eltern in die ersten Kinderjahre investieren, ist also bedeutend und wichtig, weil in dieser Zeit Entscheidendes im Inneren des Kindes abläuft und es prägen wird. In der Regel lieben Eltern ihre Kinder sehr und wollen nur das Beste für sie. Aber auch wir als Gesellschaft – jeder einzelne – ist gefordert, indem allen Kindern und auch den Jugendlichen Herzlichkeit, Großmut, Geduld und Achtung entgegengebracht wird.

Zu diesem Lebensabschnitt gibt es natürlich jede Menge Wichtiges und Erwähnenswertes. Wenn es also darum geht, ein Kind von Grund auf verstehen zu wollen, ist es sinnvoll, sich mit ein paar guten Sachbüchern einzudecken. Am besten mit solchen, die die evolutionsbedingte Prägung des Kindes beschreiben, auch mit solchen, die Einblick geben in die kindliche Psyche, und mit Büchern, die erkennen lassen, dass das kleine Kind nicht als ein unbeschriebenes Blatt in die Welt kommt, sondern als ein beseeltes Wesen, das nicht nur seine eigene Lebenskraft mitbringt, sondern auch seine eigene Geschichte. Damit die Richtung erkennbar ist, die eine große Rolle spielt beim Umgang mit dem kleinen Kind, habe ich ein paar Beispiele herausgepickt. Es ist nur ein Bruchteil dessen, was heute in der Fachwelt als wichtig und richtig eingestuft wird, doch vielleicht gelingen dadurch ein sanftes Einfühlen und ein verständnisvoller Blick zurück in die Welt des Kindes, in der wir ja alle einmal waren.

Folgen Sie mir also nun auf den ersten Schritten, die ein Baby ins Leben tut und für die in der Regel und bis zu einem gewissen Grad ja immer Mutter und Vater verantwortlich sind. Es ist nicht gerade wenig, was da von Eltern verlangt wird. Um es in einem Satz auszudrücken: Sie sollen liebende und gleichzeitig kompetente Eltern sein, die um jedes Bedürfnis wissen, dass das Baby in allen Stadien seiner Entwicklung haben wird und das sogar die Zeit der Schwangerschaft miteinbezieht. Was können Eltern beitragen, um dem Kind von Beginn an ein positives Lebensgefühl mit in sein Dasein zu geben? Die Zeit, in der sich das Ungeborene entwickelt, könnte idealerweise so aussehen: Die angehende Mutter ist glücklich über die Schwangerschaft und freut sich sehr auf ihr Kind. Sie trägt große Gefühle und eine große Liebe zum werdenden Kind in sich. Sie kann sich intuitiv in das noch Ungeborene hineinfühlen und denkt in einer Weise, die dem Kind vermitteln soll, dass es absolut geliebt ist. Allein solche Gefühle werden sich bereits in dieser Phase in ihm festigen und ihm das Gefühl von Wertigkeit geben. Aber auch auf Harmonie in Stimmen und Tönen und auf Lautstärke aller Geräusche achtet sie, denn auch Akustik nimmt das Kind schon jetzt wahr.

Wer ist denn nun dieses kleine Menschlein, das soeben den schönsten und sichersten Platz, den es gibt, verlassen hat und nun das Licht der Welt erblickt? Und was bräuchte es für seine gute Entwicklung? Am Anfang dominieren Körper und Gefühl. Es saugt alles auf, was es in seinem Umfeld erspürt, somit auch Stimmungen und Gefühlsschwingungen, die Personen ihm entgegenbringen. Gefühle werden intensiv gefühlt, Eindrücke kann es noch nicht verarbeiten, sie können daher sehr aufwühlen. Das familiäre Umfeld sollte demnach auf Frieden und Harmonie ausgerichtet sein, um dem Säugling keinen Nährboden für negative Gefühle zu schaffen, die er zwar spüren würde, jedoch nicht einordnen könnte. Für sein körperliches Wohl braucht das Baby natürlich gute Nahrung, Ruhe, Wärme und Sauberkeit. Dazu braucht es das Gefühl, dass immer jemand da ist, der sich seiner Bedürfnisse annimmt. Um sich gut zu entfalten, braucht das Neugeborene einen Menschen, der ihm durch Körperkontakt, Zärtlichkeit, Liebkosungen und liebevolle Worte zeigt, dass es nicht alleine ist, sondern dass es beschützt ist und sich geborgen fühlen darf. Diese Bedürfnisbefriedigung und Zuwendung der ersten Lebenszeit wird sich in ihm verinnerlichen und wird sein Leben entsprechend prägen. Bereits in diesem Alter ist das Kind allerdings auch in der Lage, Angst zu empfinden. Und auch diese wird es prägen. Es hat intuitive Angst vorm Fallen und entwickelt Angst, wenn es Lärm ausgesetzt ist. Die größte Angst löst jedoch das Gefühl der Einsamkeit aus. Da sich das Baby als Einheit mit seiner Mutter oder auch einer anderen Bezugsperson empfindet, würde zu langes und zu häufiges Alleinsein für das Kleine eine große Angst auslösen. Man muss sich nur einmal vorstellen, wie es ist, einfach nur dazuliegen mit seinem Körper und nicht artikulieren zu können, was gerade dringend gebraucht wird. Worte gibt es noch nicht, um mitzuteilen, was gerade los ist. Es kann sich weder aus einer unangenehmen Liegeposition noch aus einer feuchten Windel befreien, es kann nicht kommunizieren, ob es Schmerzen, Hunger oder Durst hat. Das Baby kann nicht zeigen, dass es einfach nur Nähe oder Trost braucht. Es kann nur daliegen mit seinem Körper und seinen Gefühlen! Früher oder später wird es unruhig werden, weil Angst hochsteigt, und irgendwann fängt es dann an zu schreien. Nun steht man als Eltern vor der Herausforderung, richtig zu reagieren, was aufgrund von Lebensumständen auch schwierig sein kann. In diesem Zustand der absoluten Hilflosigkeit und Angst kann das Baby nicht wissen, wann und ob überhaupt jemand kommen wird, um für es da zu sein. Irgendwann wird es dann schon still werden, weil es vor lauter Schreien erschöpft und eingeschlafen ist. Nun stelle man sich eine andere Handlungsweise vor, bei gleicher für das Baby bedrohlichen Situation: Es kommt eine Person, die es hochnimmt, in den Armen wiegt und sich hingebungsvoll kümmert. Das Kind kann zwar noch immer nicht ausdrücken, was ihm fehlt, aber es spürt, dass jemand da ist, der es hält und zu dem es gehört. Es spürt eine liebevolle, symbiotische Beziehung, auf die es sich wieder und wieder verlassen kann, wenn es Hilfe benötigt. Beide Aktionen der Erwachsenen werden sich in seinem Unterbewusstsein einprägen. Unabhängig davon, was der Grund für sein Schreien war.

Mag der Wunsch auch groß sein, das Baby in eine bestimmte Routine zu bringen, so zeigt sich ihm die Liebe der Eltern ausschließlich dadurch, indem es all seine Bedürfnisse rasch und zuverlässig erfüllt bekommt, denn das wird es als solches verinnerlichen, das ist für ein Baby die Sprache der Liebe. Erst im Laufe der Zeit und durch viele positive Grunderfahrungen wird es problemlos lernen, dass ein Zustand, der sich zunächst ungut anfühlt, bald auch wieder besser wird und dass Mama und Papa eben nicht immer sofort zur Stelle sein können.

Dieses kleine Gefühlspaket merkt schon sehr genau, ob es seine Menschen mit seiner Anwesenheit beglückt und ob es ihnen Freude bereitet, für es da zu sein und alles für es zu tun. Und das wird sich tief in seinem Inneren verankern und eine Basis bilden für seine geistig-seelische Reifung. Durch eine verstehende, zugewandte und verlässliche Beziehung wird es Urvertrauen entwickeln und sich selbst annehmen können. Aber zuerst muss es sich von „seinen Menschen" angenommen erlebt haben.

So wächst es nun heran, wird vom Säugling zum Kleinkind. Konnte sich während dieser Zeit ein liebevolles, stabiles Band zu seiner-/en Bezugsperson/en aufbauen, so kann es nun, etwa ab dem sechsten Lebensmonat, ein gesundes Gefühl für sich selbst entwickeln. Die Einheit zwischen ihm und der/den Bezugsperson/en löst sich nun naturgemäß. Es entwickelt sich in seinem ureigenen Tempo weiter, ist neugierig und sehr lernwillig. Schon bald stehen die Eltern vor neuen Herausforderungen. Das Kind entdeckt sein „Ich", es probiert aus, lotet aus, testet, prüft und spürt allmählich die Vielfalt seiner Gefühle, die nun von ganz anderer Art sind. Dabei wird es bemerken, dass es darin auch selbst Akteur ist und nicht mehr ausschließlich die Eltern dafür verantwortlich sind. Schwierige Phasen kommen, in denen das Kind seine negativen Emotionen kennenlernt. Ärger, Wut, Traurigkeit etc. sind da, sie gehören dazu und wollen in Form von schimpfen und schreien auch ausgelebt werden. Dauerhaft unterdrückte negative Stimmungen werden sonst im weiteren Leben zur Gefahr für Körper und Seele. Natürlich bedeutet das Stress für die Eltern, doch selbst diese Zeiten haben für das Kind ihren Sinn und sind enorm wichtig, denn nur so kann es sich auf gesunde Weise weiterentwickeln.

Vielen Eltern ist es ein Anliegen, ihrem Kind jeden Wunsch von den Augen abzulesen. Was will es, was braucht es, damit es nur ja glücklich sein möge. Aber wichtiger als jeden Kinderwunsch zu erfüllen, ist, danach Ausschau zu halten, was das

Kind in emotionaler Hinsicht braucht, denn das wird es prägen und ihm eine Grundausrichtung für sein künftiges Leben verschaffen. Das Kind selbst kann sich dazu noch nicht äußern und nichts in Worten ausdrücken, es ist ja gerade erst dabei, sich selbst und die eigenen Gefühle zu entdecken. In diesem Alter dreht sich eben alles erst einmal um die Gefühle. Vorerst kann es das, was in ihm vorgeht, nur in seinem Verhalten ausdrücken, in seinem Verhalten zeigen sich seine Gefühle. Für ein kleines, unbedarftes Kind ist es deshalb von größter Bedeutung, nicht sich selbst überlassen zu sein mit der ganzen Bandbreite der Gefühle. Um sich derer überhaupt bewusst zu werden und einen Umgang damit zu erlernen, ist es auf die verstehende Unterstützung der in dieser Hinsicht erfahrenen Eltern angewiesen. Oft bringen diese allerdings schon frühzeitig jede Menge an Wünschen, Hoffnungen und Erwartungen in die Erziehung mit ein, bei denen jedoch Gefühle und liebevolle Verhaltensweisen keinen Platz finden oder sogar als hinderlich angesehen werden. Gerade aber in dieser Lebensphase des Kindes darf es nicht das oberste Ziel sein, es ausschließlich nach der eigenen Melodie auszurichten oder es nach der eigenen Vorstellung formen zu wollen.

Spürt ein kleines Kind, dass ihm seine unmittelbaren Bezugspersonen dort einfühlsam begegnen, wo ihm selbst die Worte noch fehlen, erlebt es Interesse an seiner wahren Persönlichkeit und fühlt es sich wichtig und wertvoll, dann wird sich dies in ihm tief verankern. Die beste Voraussetzung für ein gesundes Selbstwertgefühl im Erwachsenenalter.

Das war ein kleiner Ausflug in die Anfänge des Lebens, der in Erinnerung bringen soll, wie bedeutungsvoll die Berücksichtigung der seelischen und psychischen Aspekte vom Lebensbeginn an sind. Auf diese Weise bekam ich erste Eindrücke in eine Kinderseele und konnte allmählich für meine Eltern Verständnis aufbringen, denn auch sie sind ja in gewisser Weise „geprägte Kinder". Ich lernte, dass jede Kindheit ihre Spuren hinterlässt. Das ist so, es war immer so und es wird immer so sein, denn Kinderaugen sehen die Dinge eben ganz anders als die Erwachsenenaugen es tun. Fehler und Missverständnisse sind daher vorprogrammiert. Das ist normal und muss nicht schlimm sein. Schlimm kann es dann werden, wenn uns diese Fehler und Missverständnisse zeichnen und das Leben als Erwachsener dauerhaft beeinflusst wird. Mir wurde bewusst, dass mich heute die Kindheitsthemen von damals nicht länger belasten oder blockieren mussten, wenn ich mich ein wenig damit auseinandersetze und Zusammenhänge erkennen kann.

Was war es eigentlich, das wir uns damals als Kind in unserer angeborenen Sensibilität gewünscht hätten? Und was war es, das wir so dringend gebraucht hätten? Dafür habe ich mich wieder in der Fachwelt umgesehen und habe einige Beispiele ausgewählt, welche die grundlegenden kindlichen Bedürfnisse verdeutlichen sollen. Bleiben diese nämlich dauerhaft unerfüllt und wird dies niemals erkannt, können sie sich im Inneren als ewige Sehnsucht oder als Seelenschmerz festigen. Solche Fachkenntnis kann mit der eigenen erfahrenen Realität abgeglichen werden und kann einen ersten Schritt zur inneren Heilung bedeuten.

In erster Linie wollen sich kleine Kinder nicht fürchten müssen vor den Eltern oder einem Elternteil. Sie möchten einfach nur gut und liebevoll behandelt werden. Sie brauchen Gefühlswärme, geduldiges Verstehen und großzügiges Verhalten. Sie wollen nicht ausschließlich nur „funktionieren müssen", brauchen aber dennoch eine klare Vermittlung von Leitlinien, Vorgaben, Regeln, Ordnung und Struktur und der Einhaltung gesetzter Grenzen sowie die Einforderung all dessen. Darüber hinaus ist es ihnen wichtig, dass Mama und Papa sich vertragen und sich gernhaben, denn durch häufige Konflikte und Streitereien sehen sie ihr Sicherheitsgefühl bedroht. Sie brauchen in der Familie einen freundlichen Umgang miteinander und Zusammengehörigkeit, um sich beschützt zu fühlen, damit sie sich gedanklich frei auf ihre Außenwelt konzentrieren können. Sie wollen „Kind-sein" und „Klein-Sein" dürfen, die Eltern sollen die Großen und Starken sein, die es beschützen und auf die in jeder Hinsicht Verlass ist. Kinder wollen wahrgenommen, angenommen und ernstgenommen werden. Dann werden sie sich als wichtig und wertvoll empfinden und wer sich als wichtig empfindet, muss sich keinerlei Sorgen um seine „Wertigkeit" machen und braucht keinen Gedanken dafür verschwenden, wie sich Aufmerksamkeit erzielen ließe. Für den Familienfrieden und den inneren Frieden des Kindes sehr entscheidend.

Auch die Gefühle wollen gezeigt werden dürfen. Jeder Kummer kann für ein kleines Kind ein Drama sein. Es tut ihm gut, wenn diese Kümmernisse vom Erwachsenen nicht abgetan oder kleingeredet werden und wenn nicht davon abgelenkt wird, sondern wenn sich Zeit genommen, sich hineingefühlt und getröstet wird. Die Liebe der Eltern wollen Kinder ausgedrückt bekommen, nicht nur indem sie es gesagt bekommen, sondern sie wollen sie spüren, indem sie gesehen und beachtet werden und nicht „abgefertigt" werden. Sie wollen nicht nur aufgrund ihrer Handlungen und Taten Liebe erhalten, sondern in erster Linie ihrer selbst wegen, als der kleinen, individuellen Persönlichkeit, die sie ja jetzt bereits sind. Das bringt ihnen Selbstvertrauen und seelische Stärke. Auch Lob und Anerkennung sollen nicht fehlen sowie Nachsicht und weniger der strengen, dafür mehr der liebenden Blicke. Das baut die Kinder auf.

Wer will schon ständig kritisiert, korrigiert und diktiert werden? Entscheidend ist die richtige Dosierung. Nicht jede Handlung und jedes Verhalten verlangt nach Bewertung. Es muss nicht bei jeder positiven Tat eine Lobeshymne angestimmt werden und manchmal ist es sehr sinnvoll, über Fehler einfach hinwegzusehen. Bewertung und Beurteilung lässt sich nicht vermeiden, doch wenn, dann aber auch nur die Tat, nicht gleich das ganze Kind als Person, im Sinne von: „Was bist du nur für ein Trottel, lässt deine Jacke auf dem Spielplatz liegen!" Wenn Kinder die Erfahrung machen, dass Fehlermachen keinen Weltuntergang bedeutet, dass man deshalb nicht herabgesetzt und erniedrigt wird, dann kann es auch später konstruktiv damit umgehen und zu seinen Fehlern stehen.

Kinder brauchen das Gefühl von „Wertvoll-Sein", sie brauchen Werterlebnisse, Anerkennung und auch Vertrauen, das die Eltern ihnen schenken. Sie brauchen Zugewandtheit, kreative Energie, gute, heilende Worte, Zuspruch, Erfolgserlebnisse, körperliche Beweglichkeit, Zärtlichkeit. Und sie brauchen Inspiration und Sinn. Sie wollen altersgerechte Verantwortung oder verantwortungsvolle Aufgaben bekommen, bei denen sie spüren, dass sie etwas beitragen, etwas Sinnvolles tun und etwas bewirken. Etwa durch die Pflege einer Pflanze oder die Versorgung eines Tieres.

Kinder wollen nicht überfordert werden, aber gefördert und gefordert. Es geht ihnen gar nicht darum, alles erleichtert zu bekommen und von jedem Ärgernis ferngehalten zu werden. Sie brauchen Hindernisse, die sie selbst aus dem Weg räumen und Gelegenheiten, aus Fehlern zu lernen. Sie brauchen eigene Erfahrungen, um eigene Erfolge verbuchen zu können, und sie brauchen Möglichkeiten, ihre Individualität und ihr Potenzial zu entdecken, auch wenn das mit so mancher Beule einhergeht. Die Persönlichkeit wird dadurch reifen, auch mit einer geschlagenen Beule, oder vielleicht auch gerade wegen ihr.

Freiheit! Kinder brauchen gewisse Freiheiten in körperlicher und geistiger Hinsicht, um sich und ihre kleine Welt zu erforschen. Sie brauchen dazu nicht immer den Erwachsenen, der ihn vor jeder Langeweile beschützen will. Sie wollen aus sich selbst heraus kreativ sein. Freiheit brauchen sie möglichst in dem Ausmaß, wie es das Verantwortungsgefühl der Eltern zulässt und immer in der Gewissheit, dass Eltern und Zuhause einen sicheren Hafen bieten und sie nie im Stich gelassen werden.

Kinder wünschen sich aber auch sehr, mit ihren Eltern gemeinsam Freude, Spiel und Spaß zu erleben. Dabei dürfen auch die Eltern ihre Fantasie einbringen und die Initiative ergreifen. Sie sollen im Spiel selbst wieder zu Kindern werden und für jeden noch so großen Unsinn zu haben sein. Wenn Kinder jedoch tief versunken ihr eigenes Spiel spielen, ist das vergleichbar mit dem konzentrierten „Arbeiten" eines Erwachsenen. Fast immer gibt es Widerstand, Kämpfe und viel Geschrei, wenn der Erwachsene dieses Spiel abrupt beendet und dem Kind damit vermittelt, wie machtlos es doch ist. Fürs Kind ist es einfach nur wichtig, das Spielende angekündigt zu bekommen, um sich darauf vorbereiten zu können. So fühlt es sich ernstgenommen und respektiert. Ein Kind braucht Aufmerksamkeit. Meistens werden jedoch negative Verhaltensweisen wesentlich mehr beachtet als die vielen positiven, die es zweifelsohne ja auch hat. So wird es dann sein Benehmen und Verhalten entsprechend danach ausrichten und seinem Umfeld eben seine schlechtesten Seiten zeigen, was auch irgendwie nachvollziehbar ist. Den Ärger oder die Bestrafung, die damit verbunden sind, nimmt es in Kauf, denn das bringt ihm ja wieder Aufmerksamkeit. Eine traurige Angelegenheit für Psyche und Seele.

Besonders die Situation des kleinen Sohnes soll noch erwähnt werden. Dieser kleine Junge ist meist einer ganz speziellen Situation ausgesetzt. So viele Erwartungen werden an ihn bereits jetzt schon gestellt. Welch erfolgreicher Mann, welch toller Kerl soll er einmal werden? Aber auch dieser kleine Junge will nicht seine Tränen wegdrücken müssen, wenn er unglücklich ist. Auch er will getröstet werden, wenn er hingefallen ist und auch er will nicht sein kindliches, weiches Herz und seine Empfindsamkeit verbergen müssen. Früh genug wird er merken, dass die Welt der Erwachsenen hart und anspruchsvoll sein kann. Er wird sich trotzdem in dieser Welt aufrichtig, erfolgreich und glücklich bewegen können und seinen Mann stehen, weil sich in ihm eine Kinderzeit verinnerlicht hat, die geprägt war von Rückhalt und Gefühl und die ihm Werte als Richtschnur fürs Leben mit an die Hand gegeben hat. Was er daraus machen wird, bleibt selbstverständlich ihm überlassen.

Die Beispiele könnten natürlich noch weiter fortgesetzt werden, sollen sie doch nur aufzeigen, dass jede Handlungsweise des Erwachsenen – ob positiv oder negativ – im kleinen Kinderköpfchen und in seiner kleinen Kinderseele etwas bewirkt. Was immer das auch ist, es verankert sich und wird ins Erwachsenenleben mitgenommen. Im zweiten Teil des Buches, beim Thema „Selbstfindung", können Sie hierzu noch etwas mehr entdecken.

Ich hoffe, Sie hatten nicht den Eindruck, sich in einem Erziehungsratgeber zu befinden, ich wollte auch keine Erziehungsratschläge in dem Sinne geben. Das Einzige, das ich damit vermitteln möchte, ist zu erkennen, dass wir damals als Kind neben all den guten und schönen Erfahrungen auch immer mit Erfahrungen konfrontiert waren, die uns nicht gutgetan haben und die sich verinnerlicht haben. Ich möchte auch vermitteln, dass sich so etwas in keiner Kindheit vermeiden lässt, doch dass wir in der Lage sind, uns als Erwachsener im Bedarfsfall darum zu kümmern – um des eigenen inneren Friedens willens, unserer Zufriedenheit und unseres Glücks willens. Denn ein Seelenschmerz lässt sich nur auflösen, wenn er auch erkannt werden möchte.

Ich glaube, es ist in diesem Zusammenhang trotzdem nicht falsch zu appellieren an alle, die mit Kindern zu tun haben: Freut euch, wenn die Kinder fröhlich und lebendig sind. Das will gefördert, nicht aberzogen werden. Schenkt ihnen ein Lächeln, freundliche Blicke und seid nachsichtig. Denkt daran, dass ein Kinderherz sehr zerbrechlich ist. Vergesst nicht, dass Kinder das Verhalten übernehmen, das man ihnen vorlebt und ihnen gegenüber zeigt und in diesem Zusammenhang sei an die Vermittlung und das Vorleben von Werten erinnert. Wann sonst, wenn nicht bereits in den Kinderjahren, soll der Mensch erfahren, was im Leben zählt und wonach er sich richten kann? Wo soll er erfahren, was er als „gut" oder als „schlecht" betrachten kann und wie sich beides anfühlt? Was sich früh verinnerlicht hat, braucht später nicht mühsam und durch viele negative Erfahrungen nachgeholt werden.

Wir dürfen die Kinder nicht hängen lassen in Unklarheit und Unsicherheit. Sie sind auf der Suche und brauchen einen Menschen, der ihnen in Aufrichtigkeit und Klarheit begegnet und den Weg zeigt. Sie wollen lernen, und es ist nur zu ihrem Wohle, wenn dieses „Lernen" für sie auch bedeuten kann, nicht alles zu bekommen und nicht alles tun zu können, was man will. Es ist auch zu ihrem Wohle, wenn sie zu den immerwährenden und -gültigen Leitlinien, den Werten, herangeführt werden und wenn gelehrt wird, wie sich in einer Welt, die nicht ausschließlich nur freundlich ist, gerade durch diese Werte gut zurechtkommen lässt. Lebt nicht nebeneinander her, zeigt deutlich, dass die zwischenmenschliche Beziehung in der Familie wichtiger ist als irgendeine Nachricht auf dem Smartphone. Die Antennen des kleinen Kindes sind diesbezüglich äußerst fein. Und es wird traurig, emotionslos und mutlos, wenn es spürt, dass die Erwachsenen mit Kopf und Herz überall sonst sind, nur nicht bei ihm. Es muss nicht das komplette Eigenleben vernachlässigt werden und nicht jedes Bedürfnis des Kindes befriedigt werden, im „sowohl als auch" kann hier der ideale Mittelweg gefunden werden. In den ersten 12 Lebensmonaten allerdings braucht das Kind eine ganz besondere Aufmerksamkeit. Diese Zeit ist absehbar, doch sie bildet eine wertvolle Grundlage für die geistig-seelische Entwicklung des Kindes und somit für das weitere Zusammenleben in der Familie. Umso schneller werden die Eltern wieder zu den eigenen Bedürfnissen und Ansprüchen zurückkehren können. Es ist nun mal so, dass die Welt eines Babys und die eines Kleinkindes eine andere ist als die der Eltern. Eltern sollten sich aber verpflichtet fühlen, sich in diese Welt einzufühlen und sich dafür zu interessieren. Dann wird diese Zeit auch nicht als eine Zeit der Entbehrung empfunden werden, im Gegenteil, es kann eine wunderschöne, bunte, friedliche und sehr liebevolle Zeit der Erfüllung daraus gemacht werden mit Eindrücken, die in dieser Form niemals mehr wiederkehren.

So wächst das Kind also heran und eines Tages steht ein junger Erwachsener vor uns. Mit etwas Glück durfte er seine Eltern als Vorbild und liebenswerte „Autoritäten" erfahren, die ihm gestatteten, sich zu einer eigenen Persönlichkeit zu entwickeln. Natürlich wird es auf dem Weg zum Teenager Unstimmigkeiten und sonstige Störungen gegeben haben, weil auch das wieder einmal ein menschlicher Entwicklungsprozess ist, bei dem sich im Gehirn so allerhand Chaos abspielen kann. Der junge, pubertierende Mensch ist wieder einmal in einer Phase, die viel von ihm abverlangt. Neue, bisher nicht gekannte Gefühle muss er irgendwie verarbeiten, die Anforderungen seines Umfeldes soll er erfüllen und im Freundeskreis möchte er ja auch gern etwas bewirken. So manches Verhalten des Jugendlichen wird den Erwachsenen nicht gefallen. Auch wenn er der Kinderstube längst den Rücken gekehrt hat, ist das Gesamtspektrum der Erfahrungen, die er eben machen muss auf seinem Weg zum Erwachsenen, noch nicht abgeschlossen. Bei nicht gravierendem Fehlverhalten hilft hier oft schon ein gutes, verständnisvolles Gespräch, manchmal kann auch Schweigen die beste Lösung sein. Bald ist auch diese Zeit vorbei und die Dinge entspannen sich wieder.

Dann endlich ist es so weit: Der 18. Geburtstag wird gefeiert und ebenso die damit verbundene neue Freiheit. Irgendwann steht an, sich von den Eltern räumlich zu lösen und der Auszug von zu Hause wird geplant. Je tiefer eine Familie miteinander verbunden ist, umso gesünder gelingt auch das Loslösen. Das bedeutet Freiheit fürs Kind, aber auch für die Eltern. Wenn eine bis dahin gute Verbindung weiterhin eine gute Verbindung bleibt und man sich nicht aus den Augen verliert, kann eine äußerst schöne Zeit beginnen, in der jeder für jeden da ist und man sich gegenseitig unterstützt. Sollte bis dahin manches schiefgelaufen sein, kann auch im Nachhinein und ohne sich in Schuldgefühlen oder einem schlechten Gewissen zu verzehren, korrigiert und nachgeholt werden, dazu braucht es den aufrichtigen, emotionalen Austausch.

Der neue Lebensabschnitt kann beginnen!

Vieles wird sich ab jetzt ereignen, viel wird geschehen und vieles davon werden wir nicht verstehen ...

Wie das Leben so spielt

Die erste Etappe unserer Lebensreise ist also geschafft und wir stürzen uns voller Enthusiasmus ins nächste Abenteuer. Wir genießen unsere Eigenständigkeit, wollen viel erleben und viel auf die Reihe bekommen, was aber auch mit einer neuen Verantwortung einhergeht. Es ist die Verantwortung für sich selbst, für die eigene Person. Nun ist die Zeit vorbei, in der sich andere um unser Wohl und Wehe gekümmert haben. Ab jetzt liegt es in unserer Macht und nur wir selbst sind legitimiert, unser Leben in die Bahn zu lenken, die wir für richtig erachten. Das ist eine ganz neue Erfahrung, die erlernt sein will. Mit den Jahren werden wir nicht nur älter, sondern auch erfahrener und mit allen Höhen und Tiefen, die uns das Leben zeigt, werden wir reifer. Trotzdem aber wird bei allem, das wir in unserem Leben künftig auch tun, immer ein ganz spezielles Bedürfnis mitschwingen. Es ist das Bedürfnis nach Beachtung, Achtung und Anerkennung und wir begeben uns auf die Suche nach dem Stoff, der sich „Liebe" nennt. Doch nicht immer werden unsere Mitmenschen bereit sein, diese Bedürfnisse zu erfüllen, was uns vor neue Herausforderungen stellt. Wir lernen zwar, mit diesen Situationen umzugehen, die Frage, wie wir mit den damit verbundenen starken Gefühlen umgehen sollen, bleibt allerdings offen. Im Laufe der Jahre erleben wir zwar schöne und glückliche Zeiten, werden aber genauso mit jeder Menge unangenehmer Lebenserfahrung konfrontiert. Wir haben uns Konflikten zu stellen, müssen uns mit den unterschiedlichsten Verhaltensweisen der Mitmenschen auseinandersetzen und bei den meisten kommt dann auch noch Unaufgearbeitetes aus den Kinderjahren hinzu. Wird all das in seiner Bedeutung unterschätzt, besteht die Gefahr, dass sich dies alles summiert, hochschaukelt und aufstaut zu etwas, das im späteren Leben blockiert und am persönlichen Glück hindert oder sogar geballt auf die Füße fällt und zu seelischen und psychischen Problemen führt.

Trotz allem versuchen wir jeden Tag aufs Neue, unser Leben nach bestem Wissen und Gewissen zu meistern. In der Regel gelingt das viele Jahre auch ganz ordentlich und solange unser Alltag ausgefüllt ist mit allerlei Aktivitäten, denken wir meist auch nicht darüber nach, ob wir damit auch wirklich mit uns im Einklang und wahrhaftig glücklich sind.

Unabhängig von Alter und sozialem Status bemerken heute immer mehr Menschen, dass sie das nicht mehr sind. Es hat sich im Laufe der Zeit in ihrem Leben etwas eingeschlichen, das sich als seelische Befindlichkeitsstörung bezeichnen lässt und sich in unerklärbarer Unzufriedenheit oder innerem Unwohlsein äußert, so als ob die Seele aus dem Takt geraten ist. Aber auch mit großer Unruhe und undefinierbaren Ängsten sehen sich viele Menschen konfrontiert und manche fühlen sich wie aus der Spur geworfen.

All das ist nicht nur auf unruhige, unsichere Zeiten zurückzuführen. Häufig betroffen sind gerade diejenigen, denen es in materieller Hinsicht an nichts fehlt und trotzdem sind die Köpfe voll von Gedanken, die nicht mehr zur inneren Ruhe finden lassen. Es scheint, als wäre die gedankliche Richtung, in die die Menschen unterwegs sind, nicht mehr die richtige. Es scheint, als stünden sie mit ihrem Inneren – den Gedanken und Gefühlen – auf Kriegsfuß. Der berühmte Schalter, mit dem sich alles umdrehen, berichtigen und bereinigen ließe, fehlt. Viele fühlen sich von ihrer persönlichen Vergangenheit eingeholt mit all den Gefühlen und Emotionen, die damals Belastung waren und die noch heute im Unbewussten belastend wirken. Nicht wenige laufen freudlos und mit traurigen Augen durch die Welt. So kann es passieren, dass die Menschen nach Möglichkeiten der Kompensation suchen. Bei vielen steht Arbeitswut sowie „Haben und Sein" im Vordergrund. Die Präsenz auf vielerlei Schauplätzen zeugt vom Drang nach Anerkennung und dem Wunsch nach Ablenkung. Andere resignieren und sehnen sich danach, ihre inneren Baustellen einfach vergessen zu können und flüchten sich in Betäubung in Form von Alkohol oder anderen Süchten. Manche, die innere Unsicherheiten, Unklarheiten, oder auch eine innere Leere spüren, fühlen sich entmutigt und finden keinen gesunden Mittelweg mehr zwischen Antriebslosigkeit und Getriebensein. Doch auf welche Weise und mit welchen Ablenkungsmanövern auch immer versucht wird, solchen Gedanken zu entfliehen, es stellt sich heraus, dass Gedanken sehr hartnäckig sind und sich unbearbeitet nicht so einfach vertreiben lassen. Infolge all dessen fühlt sich der Mensch in gewisser Weise seiner wertvollen Lebensenergie und der Lebenslust beraubt.

Was auch immer hier zum Vorschein kommt und wie auch immer es sich anfühlt, es sollte Beachtung finden! Vielleicht ist es spätestens jetzt an der Zeit, einmal innezuhalten, zur Ruhe zu kommen und in die Innenschau zu gehen, um sich der eigenen Person mitsamt ihres eingeschlagenen Lebenskurses und ihrer festgetretenen Gedankenpfade bewusst zu werden.

Alles ist in stetigem Wandel, so auch die Persönlichkeit des Menschen. Sie möchte sich weiterentwickeln, daher geben uns alle unangenehmen Phasen, die uns wachzurütteln scheinen, immer auch eine Gelegenheit zu innerer Veränderung und Wachstum auf geistig-seelischer Ebene. Klingt ja alles gut und schön, alles leichter gesagt als getan, werden Sie vielleicht denken. Aber genau hier können wir ansetzen, wenn wir psychisch/seelisch aus der Balance geraten sind oder wenn wir fühlen, dass uns die bisherigen Denkweisen und Gedankenmuster nicht mehr voranbringen. Weil wir in dieser Hinsicht bislang zu wenig oder gar nichts hinterfragt haben, konnten viele dieser „Störungen" zur Gewohnheit werden und können als das, was sie sind, oft nicht einmal mehr wahrgenommen werden. Tief in uns spüren wir aber trotzdem, dass da etwas ist, das ein inneres Ungleichgewicht verursacht. Und wenn wir uns selbst – unser Benehmen, unsere Umgangsformen, unser Verhalten – ganz genau beobachten, erkennen wir, dass diese kleineren oder größeren seelischen Befindlichkeitsstörungen etwas mit uns „anstellen":

Sie verändern uns in eine Richtung, die uns nicht guttut und die wir mitunter gar nicht wollen!

Vielleicht wäre genau jetzt der richtige Moment, sich aufzumachen zu neuen Ufern. Wir müssen uns nur bewusst dafür entscheiden. Es ist Zeit für Neues! Wir fühlen doch, dass sich etwas verändern soll, doch wer weiß schon so genau um den Weg und das Ziel. Nichts wird sich in unserem Leben bewegen, wenn wir uns nicht selbst bewegen und das beginnt damit, dass wir in uns gehen, nachdenken und uns Gedanken machen wollen! Damit gemeint sind allerdings nicht die üblichen Gedanken über die üblichen, gewohnten Themen und auch nicht die Gedanken, bei denen wir vorrangig nach Fehlern suchen. Wir müssen nicht immer nur Fehler suchen, wir sollten eher danach suchen, was unseren Gedanken fehlt, damit wir in Einklang kommen können mit uns selbst. Wollen wir also unser Gedankengut etwas verändern, es erweitern, vielleicht sogar erneuern, so müssen sich auch unsere Denkweisen verändern, die dann zu neuen Sichtweisen, zu Erkenntnissen und somit zu neuen Ergebnissen führen werden. Genau das wollen wir doch, denn durch die immer gleichen Gedanken wiederholen sich ja auch die immer gleichen Handlungsweisen und die damit verbundenen immer gleichen Fehler und wir wundern uns, dass wir aus der immer gleichen Mühle nicht herauskommen. Wünschen wir also neue Ergebnisse, brauchen wir dazu neue Gedanken. So können sich Sichtweisen und/oder Lebensthemen verändern. Deshalb dürfen wir ruhig überlegen, ob wir nicht die gewohnte gedankliche Komfortzone verlassen wollen, in die wir doch alle im Laufe der Zeit hineingerutscht sind. *In den Gedanken hat alles seinen Anfang! Deshalb möchte ich Sie dafür gewinnen, das Leben mit „neuen" Gedanken „neu" wahrzunehmen.* Die Art und die Qualität des persönlichen Gedankengutes – was gedacht wird, worüber nachgedacht wird und wie über die Dinge gedacht wird – ist dafür verantwortlich, wie sich der Mensch in psychischer und seelischer Hinsicht fühlt. „Ein falscher Gedanke am Morgen und ein ganzer Tag ist verdorben." Wer von uns könnte nicht ein Lied davon singen. All unser Handeln, unser Agieren und Reagieren ist ein entsprechendes Produkt unserer Gedanken und Denkweisen. Jedes Gefühl – das himmelhochjauchzende, das zu Tode betrübte und alles, was es dazwischen noch gibt – entspringt den Gedanken und es folgt den Gedanken. Gedanken lösen biochemische Vorgänge aus und so kann es passieren, dass Gedanken, die latent in die falsche Richtung gehen, sogar ein ganzes Leben zum Scheitern bringen können.

Es bräuchte für den Anfang nicht viel: Ein bisschen Offenheit für Neues, Interesse an der eigenen Persönlichkeitsentwicklung und so etwas wie Aufbruchstimmung, um sich von all dem althergebrachten, ewig gleichen und hinderlichen Gedankentrott zu verabschieden. Dann, im Anschluss daran, braucht es ein paar Informationen, um eine Vorstellung zu bekommen, wie neues und hilfreiches Gedankengut aussehen könnte. Letztendlich braucht es für diese gedankliche Neuausrichtung den Wunsch, gewonnene Einsichten und Erkenntnisse umzusetzen – also von der Theorie in die Praxis zu gehen – und für all das braucht es große Ehrlichkeit sich selbst gegenüber und schon auch ein wenig Mut.

Stellen Sie sich nur einmal einen Vogel vor, der nicht seinem Instinkt zufolge seine Flügel ausbreitet, um mutig loszufliegen. Er würde nie erfahren, dass er fliegen kann und er würde nie sehen, wie abwechslungsreich und schön die Welt abseits des Baumes ist, in dem er sitzt. Folgen auch wir unserem Instinkt, unserer Intuition, und breiten unsere „Flügel" aus, die im übertragenen Sinne unsere Gedanken und Denkweisen sind. Lassen Sie sich überraschen, wie abwechslungsreich, wie interessant und schön die Gedankenwelt sein kann abseits der bisherigen Gedanken und Denkweisen. Unsere Gedanken müssen nicht per se immer dieselben sein, sie müssen nicht einseitig, eng und nicht starr sein.

Wer niemals über seinen gedanklichen Tellerrand hinausschauen möchte, um zu prüfen, ob es außer den eigenen nicht noch bessere, sinnvollere und wahrere Gedanken geben könnte, dem wird sich unter Umständen auch nicht eröffnen, welches Potenzial er in sich trägt. Er wird vielleicht niemals erkennen, welcher Mensch er im Grunde seines Herzens ist, mit welchen Möglichkeiten und Herrlichkeiten er im Innen wie im Außen gesegnet ist und wie er sein Leben glücklich und sinnvoll gestalten kann.

Wir Menschen lassen nicht gern los von Gewohntem. Doch wir können uns bewusst machen, dass wir jederzeit die Möglichkeit haben, auszubrechen aus der Einseitigkeit der Gedanken und Denkweisen, aus der Gedankenlosigkeit und aus der Gleichgültigkeit, die sich eventuell eingeschlichen haben. Lasst uns deshalb die Dinge, die um uns herum geschehen, bewusst wahrnehmen, mit offenem Herzen und wachem Verstand. So kann jede Situation nützlich sein, weil sie zum Nachdenken auffordert und wir daraus etwas für Psyche und Seele lernen können. Schließlich sollen Erlebnisse und gemachte Erfahrungen ja auch einen Sinn haben und etwas bewirken, was dann besonders gut gelingt, wenn sich die Gedanken nicht nur innerhalb des gewohnten Rahmens bewegen und sich auch nicht nur auf einen einzigen Blickwinkel beschränken.

Lasst uns weit, hell, offen und großzügig denken und Raum schaffen für Gedanken, die nicht nur aus dem Verstand, sondern auch aus dem Herzen kommen. Lasst uns die Dinge auch einmal mit anderen Augen und von einer höheren Warte aus betrachten oder einfach bewertungsfrei. Unser Ego hat sich zwar darauf spezialisiert, zu allem eine Meinung zu haben und alles aus der eigenen Perspektive zu sehen und zu interpretieren, doch manchmal kann etwas Neutralität und Bescheidenheit in den Gedanken durchaus von Vorteil sein. *Alles Heil beginnt in den Gedanken. Alles Übel beginnt ebenso in den Gedanken – es beginnt aber auch in der Gedankenlosigkeit...!* Darum ist es wichtig, sich Gedanken über die eigenen Gedanken zu machen: „Welche Gedanken belasten mich, welche Gedanken schaden mir? Welche Gedanken wären für mein Seelenheil förderlich? Welche Denkweisen lösen welche Gefühle aus und welche Gedanken gingen meinem Tun und Handeln voraus? In welche

Richtung tendiere ich diesbezüglich überhaupt? Neige ich eher zu motivierendem, aufbauendem, friedfertigem, wohlwollendem oder weichherzigem Denken? Denke ich in der Kategorie der guten, feinen und edlen Gedanken und Denkweisen? Oder halte ich unbewusst fest an den vielen Möglichkeiten der unwahren, negativen oder destruktiven Gedanken? Will ich mein Gedankengut verändern und wenn ja, in welche Richtung soll es gehen? Was sind denn überhaupt schädliche, schlechte oder falsche Gedanken, wie konnten sie entstehen und wie wirken sie sich auf mein Fühlen, meine Gefühle und somit auf mein Verhalten aus?" *Bereits ein neuer, wahrer Gedanke kann den Weg weisen aus einem Labyrinth der Kompliziertheiten.* Die persönliche Vergangenheit mitsamt ihren Einflüssen und Prägungen spielt bei diesen Fragen meist eine gewichtige Rolle. Durch Überlieferung, durch Erfahrungswerte und durch tief verankerte seelische Verletzungen konnten sich in uns jede Menge dieser Gedanken einnisten, die unbewusst belasten, einschränken und verwirren. Die schädlichsten aller vom Verstand kreierten Gedanken sind jene, die Ängste auslösen statt Vertrauen, es sind Gedanken des Vergleichens statt des Anerkennens und es sind Gedanken, in denen wir urteilen (beurteilen, aburteilen), bewerten (abwerten) und verurteilen – uns selbst und unsere Mitmenschen. Es ist alles andere als leicht, später als Erwachsener von gewohnten und vertrauten Gedankenmustern wegzukommen und mangels Alternativen wird dann meist eisern an ihnen festgehalten. Viele Menschen lassen sich gedankenlos treiben und schwimmen der Einfachheit halber mit dem Strom. Besser ist es, rechtzeitig die Reißleine zu ziehen und zu erwägen, einen gedanklichen Kurs einzuschlagen, der dem Gewohnten zwar schon seinen berechtigten Raum lässt, der aber zudem eine tiefere Ebene des Menschseins anspricht, eine Ebene jenseits des Verstandes: *Denken Sie doch öfter einmal an Ihre Seele und erinnern sich daran, was sich dort in dieser Stille alles befindet: Die Gefühle, das Fühlen, die Empfindungen. Hier lässt sich entdecken, welch hohe, aber auch welch verletzliche Wesen wir alle gleichermaßen doch sind.* Diese Ebene wird leider *allzu oft vergessen.* Es ist ja verständlich, dass das Gefühl für die „Innenwelt" verlorenging, denn in all den Jahren wurde uns schließlich nichts anderes erklärt und vorgelebt, als dass unser Wohl und Glück davon abhängen, wie intensiv wir uns gedanklich mit dem äußeren Leben befassen, mit all dem, das wir leisten, tun, wissen, können, und mit all dem, das wir haben und sind. Tatsächlich aber wird unser äußeres Leben zu großen Teilen davon bestimmt, wie wir innerlich gepolt sind. Wie sich unser Leben gestaltet und wie wir uns innerlich fühlen, ist also keineswegs nur Zufall und es ist keineswegs nur unserem Fleiß geschuldet. Die Vorarbeit liegt also darin, dass wir uns der Art und Qualität unserer Gedanken bewusstwerden und dass wir uns im nächsten Schritt um ein Gedankengut bemühen, das unser inneres wie äußeres Leben weiter voranbringt. Unsere Lebensreise ist ja auch eine Entwicklungsreise, auf der wir die Gelegenheit haben, zu den Erkenntnissen zu gelangen, die unserer menschlichen, sprich der seelisch/geistigen Entwicklung dienen. Freuen Sie sich diesbezüglich in Teil II auf das „Innere Fundament" und die „Selbstfindung", denn dort treffen Sie auf das Gedankengut, das wir alle so dringend bräuchten.

Wir können fest davon ausgehen, dass jegliches Gedankengut eines jeden einzelnen Menschen Auswirkung hat, auch über die eigene private kleine „Welt" hinaus. Und vielleicht werden Sie schon bald erkennen, dass Gedanken sehr kraftvoll sind und dass Wirkungsweisen bestehen zwischen unserer Gedankenwelt, unserer Gefühlswelt und unserem Verhalten, und dass all dies zusammen Einfluss auf das gesamte persönliche Leben hat. *Daher ist das Beste, das ein jeder für sich selbst zunächst einmal tun kann: „nachdenken". Ich bin sicher: Kein Gedanke kann lohnender sein und kein Metier wichtiger, als sich Gedanken über sich selbst zu machen, über die persönlichen Lebensthemen sowie über die persönlichen tieferen Schichten. Vergessen Sie bitte nie: So wie wir denken, so fühlen wir, und so wie wir fühlen, so fühlen wir u n s. Achten, hören und besinnen Sie sich auf Ihr „Inneres", auf Ihre Seele, denn diese Seele sind S i e.*

Der Verstand ist unser Werkzeug zum Nachdenken, dafür ist er geschaffen. Durch ihn haben wir nun also erkannt, dass es sinnvoll ist, sich mehr um das persönliche Innenleben zu kümmern. Jetzt allerdings kann ein kleines Hindernis auftauchen, eine Hürde, die es noch zu überwinden gilt. Denn wir werden wahrscheinlich feststellen, dass wir mit unserem Verstand alleine nicht an die Themen des Inneren, der Seele herankommen, dass er sich in eine solche Dimension nicht hineindenken kann. Diese Materie ist rein denkerisch nicht fassbar. Die Verstandeskraft hat andere Aufgaben. Um vom abgegrenzten „Verstandes-Ich" zum inneren „Selbst" zu finden, benötigen wir mehr als „Denken" und „Wissen". Unser „Kopf", der zwar ausgezeichnete Denkleistungen hervorbringen kann, scheint hier bei den Themen des „Innenlebens" schlichtweg überfordert zu sein, er scheint einfach nicht zu „wissen", über was er da konkret nachdenken sollte, und er wird sich hier deshalb einfach verweigern. Der verkopfte Mensch kann auf der Verstandesebene die Themen des Inneren nicht erfassen. Und so wird ihn der Verstand blockieren und es bleibt ihm nichts anderes übrig, als sich den Themen seines Innenlebens zu entziehen. Er wird sich dann weiterhin mit seinen „Verstandes-Themen" auseinandersetzen, er wird weiterhin denken und denken, er wird weiterhin ständig neue Herausforderungen brauchen, über die er nachdenken kann und mit denen er seinen Kopf beschäftigen kann. Sein Inneres aber bleibt für ihn unerkannt. Die Seelen-Themen bleiben auf der Strecke. Damit nun der Verstand kapiert, dass die weise Seele etwas mitzuteilen hat, könnten wir etwas tun, worin viele Menschen zwar ungeübt sind und das ihnen deshalb nicht ganz leichtfällt, aber mit ein bisschen Übung trotzdem machbar ist: Wir können uns sozusagen auf „gedankliches Niemandsland" begeben, dorthin, wo das Herz spricht. Hier können wir erspüren, dass es überhaupt ein Innen-, ein Seelenleben gibt. Wir werden uns in diese Thematik einfühlen und erkennen können, was die eigene Person in dieser Hinsicht tief innerlich bewegt.

„Das Gefühl versteht, was der Verstand nicht begreift."
(Bonaventura)

Jetzt kann Folgendes geschehen: Wenn wir uns durch Fühlen für die inneren, unsere Seelen-Themen, geöffnet haben, kann sich nun auch unserem Kopf auf seiner Verstandesebene ein gedanklicher Umgang mit ihnen erschließen. Jetzt erst darf er sich einbringen, jetzt darf er sich seinem ureigenen Metier, dem „Denken", dem analytischen Denken widmen und er wird uns treue Dienste leisten beim Nachdenken über die inneren Themen, damit sich uns diese auch auf rationaler Ebene erschließen können. Der Verstand hat seine Aufgabe, das Fühlen hat seine Aufgabe. Damit nicht eines gegen das andere kämpft, ist es unsere Aufgabe, beides erfolgreich in Einklang zu bringen, was nichts anderes heißt, als dass Kopf und Herz zusammenschwingen müssen.

Liebe Leserin, lieber Leser, Sie haben nun einen kleinen Einblick in die Welt der Gedanken bekommen sowie in die Notwendigkeit des „Sich-Gedanken-Machens" und ich möchte Sie fragen: Was sind die Themen Ihres Lebens? Sind es Themen, die für Ihr Inneres von Wert sind oder sind es eher Themen, mit denen Sie sich in Wahrheit von Ihrem Inneren ablenken und von Ihrer Seele fernhalten? Die entscheidende Frage lautet im Anschluss: Womit möchten Sie sich denn gerne künftig gedanklich vermehrt beschäftigen?

Diese Fragen stellten sich einst auch mir und ich begann, nach einem Weg zu suchen, der mich befreien konnte von all den Päckchen, die an mir zu hängen schienen. Aus Unwissenheit hatte ich ja eine Zeit lang versucht, mein Leben ohne Beachtung meines Inneren – meiner Gefühle, meiner Empfindungen – zu führen. Alles, was damit zu tun hatte, wurde von mir verdrängt. Mit den seelischen Verwundungen und belastenden Erfahrungen, die sich im Laufe meiner noch jungen Biographie angesammelt hatten, konnte ich nicht anders umgehen, als sie ungesehen und unbeachtet beiseitezuschieben. Verdrängung ist an sich nicht grundsätzlich falsch, in manchen Fällen sogar notwendig. Doch in meinem Fall spürte ich deutlich, dass meine Seele stark durchdrängte, dass sie mir viel mitzuteilen hatte, dass ich nach „innen" schauen musste, um zu verstehen. Mir wurde klar, dass ich mir nicht nur Gedanken um ein aktives, gelingendes Leben im Außen machen sollte, sondern dass es vorrangig darum geht, mich um mein inneres Gleichgewicht zu kümmern. So entwickelte sich ein starkes Bedürfnis in mir, die Zusammenhänge zu erforschen.

Heute kann ich sagen: Diese Forschungsarbeit verlief sehr erfolgreich. Ich begann, über alles nachzudenken, was sich für mich so schwer, freudlos, mühsam und unklar anfühlte. Im nächsten Schritt schloss ich mich einer Meditationsgruppe an, die aus einer professionellen Leitung bestand und aus vielen unterschiedlichen Menschen mit ihren individuellen Problematiken. Durch diese geführten Meditationen stellte sich in mir eine herrliche Ausgewogenheit ein zwischen „Sich-fallen-Lassen", „In-sich-Hineinfühlen" und „nachdenken". In dieser Zeit fiel mir durch einen glücklichen Umstand ein kleines Büchlein in die Hände, und dieses Büchlein brachte endgültig den Stein ins Rollen. Es trug den Titel „Was bin ich wert?" und war für mich die erste Lektüre dieser Art. Ein Meilenstein! Täglich arbeitete ich damit und von da an ging es steil bergauf. Daraufhin folgte Lektüre um Lektüre.

Ich befand mich also auf einem Weg, der sich sehr gut anfühlte, als bei mir im Ort ein Vortrag angekündigt wurde, dessen Titel mich magisch anzog: „Vom guten Umgang mit uns selbst und unseren Kindern". Dieser Vortrag hielt, was der Titel versprach. Alle Teilnehmer waren mehr als begeistert. Er war gespickt mit so viel Wissenswertem zu den Themen des Lebens, dass uns allen bewusstwurde, wie sehr doch leider in unserer Gesellschaft die seelischen und psychologischen Aspekte in den Hintergrund geraten sind und dass es aber machbar ist, wieder ins Gleichgewicht zu kommen. Wir erkannten, wie sehr sich jeder einzelne Mensch auf seine eigene Art und Weise in seinem Leben abmüht, wenn nicht irgendwann einmal der Wunsch aufkeimt, für sich selbst in dieser Hinsicht etwas zu tun. Wir beschlossen, es sollte nicht der letzte Vortrag dieser Art bleiben, den wir gemeinsam besuchen wollten, und ich persönlich spürte ein unbändiges Drängen in mir, mich weiterhin aktiv diesen Themen zu widmen. Wir Teilnehmer empfanden uns als Schicksalsgemeinschaft und blieben für viele Jahre in einer ganz wunderbaren Verbindung. Ein paar dieser Menschen mit prägnanten Ausschnitten ihrer Lebensthemen werde ich Ihnen noch vorstellen. Sie werden feststellen, dass wir Menschen doch im Grunde alle dieselben „seelischen Baustellen" haben, wir können daher viel voneinander lernen und können uns gegenseitig unterstützen. Wir sind uns ähnlicher, als wir glauben.

Von nun an kamen ergänzend zur Lektüre auch Vorträge hinzu, die mir wichtig und interessant erschienen. Jedes Buch, jeder Vortrag und jedes persönliche Vier-Augen-Gespräch bewirkte Erstaunliches in mir. Schnell wurde mir klar, dass die Lösung meiner Probleme nicht ausschließlich in psychologischem Wissen zu finden ist. Ich erkannte, dass wir Menschen uns nicht nur auf unseren Verstand reduzieren sollten, sondern dass unsere Spezies vielseitiger ist. Wir haben die geistig-höheren, die spirituellen Anteile in uns und diese dürfen wir ruhig etwas vermehrt zulassen. Allmählich erkannte ich die Zusammenhänge und ich verstand, dass für meine innere Heilung ein tieferes Verstehen notwendig ist und dass dieses eben nicht nur in der Psyche, sondern auch in der Seele zu finden ist, und dass deshalb die spirituellen Sichtweisen Beachtung finden müssen. Ich wollte raus aus dem ewigen Kreislauf von „Verletzung einstecken – Verletzung austeilen", von „Beurteilung und Rechtfertigung", von „Verurteilung und Verteidigung". Da ich nun also nicht mehr länger in meinem altvertrauten Gedankenbrei herumrühren wollte, begann ich mich für die „seelisch-geistigen" Themen zu interessieren. Bereits nach kurzer Zeit konnte ich schon erste kleine Erfolge verbuchen, denn mein Leben fühlte sich mit diesem neuen Gedankengut wesentlich leichter an. Ich wurde innerlich freier, gelassener und konnte allmählich meine Gefühle und Empfindungen wahrnehmen. Dadurch bekam ich eine wohltuende Vertrautheit zu mir selbst und konnte langsam zu mir und hinter mir stehen. Ich begann Schritt für Schritt meine ungelösten und unausgesprochenen Themen zu erkennen. Dann registrierte ich endlich, dass auch ich Fähigkeiten, Können und Begabungen besitze, auf die ich stolz sein kann, und dass dies nicht ausschließlich vom Urteil anderer Menschen abhängig ist. So wurde es möglich, mir selbst die Achtung und Wertschätzung entgegenzubringen, die ich mir bis dahin ausschließlich von anderen erwartet hatte. Ich erkannte und sah meine guten und schönen Wesenszüge, die ich zuvor niemals beachtet hatte. Ich lernte, dass meine Empfindsamkeit, die nur allzu oft mit Füßen getreten wurde, keine Schwäche war, als die sie ausgelegt wurde, sondern in Wahrheit eine große Stärke. Mir wurde bewusst, welch falsche Denkmuster zur Gewohnheit geworden waren und dass dies Auswirkungen auf meine Lebensqualität hatte. Ich begann, die Problemfelder zu erkennen, die dadurch entstanden waren und wie sehr ich unter all diesen litt. Allmählich konnte ich mich lösen von schädlichem Gedankengut, das ich mir allzu bereitwillig von anderen Menschen vorgeben ließ.

Mit der Zeit bekam ich eine Vorstellung davon, wie es ist, zu sich selbst zu finden. Ich konnte buchstäblich sehen, dass mehr in mir steckte als ich mir selbst jemals zugetraut hatte und ich fand schon bald zu einer für mich ganz besonders heilsamen Erkenntnis, die mich bis heute begleitet: Möchte ich mich betreffs meines inneren Wohlbefindens und meiner inneren Sicherheit etwas unabhängiger machen vom Verhalten anderer Menschen, die einen ja immer irgendwie behandeln, so muss ich mir „meiner-selbst-bewusst" werden. Ich muss also eine Bewusstheit über mich selbst bekommen und darf mir auch meiner Qualitäten bewusstwerden. Dann werden mein inneres Heil, meine seelische Gesundheit und Unversehrtheit nicht mehr so leicht der Willkür anderer Menschen ausgesetzt sein. Ich bin sicher, dass jeder Mensch Qualitäten oder etwas Wertvolles in sich trägt, auch wenn es ihm selbst gering oder nicht erwähnenswert scheint. Ich erkannte auch, dass nicht jedes böse Wort und jede Kritisiererei, mit der sich die Menschen gegenseitig das Leben schwer machen, als solche gemeint sein müssen. Sehr, sehr oft steckt hinter verbalen Angriffen ein seelisch verletzter Mensch, der sich auf diese Weise eine Art psychische Entlastung verschafft. Manchmal steckt aber auch schlichtweg nur Gedankenlosigkeit dahinter.

So entwickelte sich ein neues Selbstvertrauen, das mich motivierte, mir meine wertvollen Eigenschaften zurückzuerobern, die zu kleinen, verdorrten Pflänzchen geworden waren. In erster Linie war es meine naturgegebene Liebesfähigkeit, derer ich mir bewusstwurde. Denn aus purem Selbstschutz hatte ich sie verdrängt und hatte mir eine Härte angeeignet, die so gar nicht meinem Wesen entsprach. Und es kamen weitere vergessene Charaktereigenschaften ans Tageslicht, deren Existenz mir erst jetzt so richtig bewusstwurde. Ich spürte große Erleichterung und eine tiefe innere Zufriedenheit.

Kommt Ihnen manches davon bekannt vor? Können Sie solche oder ähnliche innere Problematiken nachvollziehen? Gibt es auch in Ihrem Leben Begebenheiten oder Situationen, die auf den ersten Blick so ausweglos erscheinen? Wagen Sie neugierig den zweiten Blick, machen Sie sich mit Begeisterung und Elan auf zu neuen Horizonten! Lösen Sie die angezogene Handbremse, um neues gedankliches Terrain zu erkunden! Für mich waren es schwierige Jahre, aber ich lernte fürs Leben.

Unser seelisch-geistiges Fundament

Liebe Leserin, lieber Leser, lassen Sie sich bitte nun mit offenem Herzen auf die folgenden Seiten ein, auf denen ich Sie auf meine „Themen des Lebens" einstimmen möchte.

Sie selbst sind die wichtigste Person in Ihrem Leben! Und wenn Sie diese Person in ihrer Tiefe erkennen wollen, dann halten Sie doch öfter einmal Ausschau nach allem, das in Ihrem Inneren schlummert, nach dem, das Ihnen gefällt und nicht gefällt. Ich möchte behaupten, diese kleine Bestandsaufnahme ist interessant und wichtig. Erkunden Sie Ihre seelischen Bereiche, schauen Sie vor allem nach Ihren inneren Schätzen und Ihrem inneren Reichtum. Jeder Mensch trägt davon etwas in sich. Entscheidend ist, dass Ihnen das bewusst ist. Mir selbst wurde es erst bewusst, als ich mich mit den folgenden Fragen auseinandersetzte:

Wer bin ich? Wie bin ich, wie verhalte, wie benehme ich mich? Wie würde ich mich beschreiben? Was macht mich aus? Was denke ich, was fühle ich, an was glaube ich? Bin ich authentisch? Bin ich mit mir einverstanden, fühle ich mich wohl in meiner Haut? Weiß ich um die echte Liebe? Kann ich lieben? Kann ich Liebe zu mir selbst empfinden? Bin ich stolz auf mich? Bin ich glücklich?

Die Oberflächlichkeit unserer Zeit lässt bei den meisten Menschen leider nicht mehr zu, sich mit diesen etwas tiefgründigeren Fragen auseinanderzusetzen. Sie kapitulieren im Ansatz und lassen solche Themen erst gar nicht aufkommen. Das funktioniert auch. Aber nur so lange, bis es dem tiefsten Inneren, der Seele unerträglich zu werden scheint und sie in Form eines „Weckrufes" zu erkennen gibt, dass es jetzt langsam Zeit wird, sie zu beachten. Wir Menschen neigen allerdings seltsamerweise dazu, ausgerechnet diesem wichtigen Bereich die wenigste Aufmerksamkeit zu schenken. Wir verdrängen den Weckruf und vermeiden es, uns Gedanken zu machen über „Grundsätzliches", also über die wesentlichen Themen des Lebens, unseres Lebens. Alles, was „tiefer" zu gehen „droht", blenden wir vorsichtshalber gleich im Ansatz aus. Wir ziehen durchs Leben und durch unseren Alltag, oft gehetzt und in Eile, so als ob wir auf der Flucht wären vor uns selbst. Dabei denken wir zwar viel, sind jedoch in unseren Gedanken und Überlegungen vollkommen konzentriert auf die Belange, die das „äußere Leben" von uns einfordert. Schon früh entwerfen wir z. B. unser Lebensmodell und stecken uns Ziele wie Erfolg, Anerkennung, materielle Sicherheit, Besitztum, eine glückliche Partnerschaft, wohlgeratene Kinder, ein großer Freundeskreis und ein ausgefülltes Freizeitleben. Natürlich will im Berufs- und Privatleben alles gut durchdacht sein: Ein guter Job sichert schließlich die materielle Existenz, ein geglücktes partnerschaftliches Privatleben sorgt für Liebe und Geborgenheit. Und dass sich unser Ego gut fühlt, dafür sorgt unser gesellschaftlicher Aktionismus.

Doch oft stellen wir ernüchtert fest, dass das ersehnte Hochgefühl, das Glück, das sich jeweils nach Erreichen solcher Ziele einstellt, immer nur eine zeitlich begrenzte, flüchtige Angelegenheit ist und uns wieder und wieder in den altbekannten Kreislauf des Suchens hineinführt. Viele Menschen entfliehen solchem Unbehagen, indem sie übersteigert agieren und ihren Alltag ausfüllen mit allem, das nur irgendwie von der eigentlichen Problematik ablenkt. Was trotzdem bleibt, könnte man als eine Art Sehnsucht beschreiben. Nach und nach reift die Erkenntnis, dass wir doch eigentlich nach etwas ganz anderem suchen. Dieses „andere" ist eben nicht immer ein Leben mit einem Maximum an „Haben und Sein", intuitiv geht es darum, ein Leben voller Antworten und Sinn zu führen. *Jenseits unseres lauten, pulsierenden, äußeren Lebens gibt es nämlich noch etwas. Etwas, das ein „inneres Leben", unser stilles Seelenleben ist.* Man kann es auch so ausdrücken: Jenseits unseres „Wachbewusstseins" gibt es ein noch tieferes Bewusstsein. Die Gegenwart der Seele will gefühlt werden. Warum? Weil wir diese Seele sind. Alles, was uns ausmacht, alles, das wir sind, ist unsere Seele. Unsere Begabungen und Talente gehören ebenso dazu. Dass wir mehr sind als Körper und Verstand, ist nicht allen Menschen bewusst. Sie wissen nichts mit dieser Aussage anzufangen, und so werden die „inneren Themen" ignoriert und durch Ablenkung schlichtweg untergraben. Gerade in der heutigen Zeit spüren sehr viele Menschen diesen Zwiespalt, der sich auf unterschiedliche Weise bemerkbar macht. Man sucht dann mehr oder weniger zwanghaft nach Zerstreuung, bei der es oft noch nicht einmal eine Rolle spielt, ob diese sinnvoll ist oder nicht. Hauptsache man „denkt" etwas und „tut" etwas, dieses Denken und Tun bringt einigermaßen Spaß und man ist abgelenkt. Abgelenkt von den wesentlichen Themen des Lebens – des eigenen Lebens – abgelenkt von sich selbst. Deshalb muss der Weg nach innen führen, nur dort können wir den Grundstock für ein Leben in Bewusstheit und Erfüllung schaffen.

Ich bin sicher, dass das Leben in seiner Komplexität für uns dann annähernd begreifbar werden kann und dass wir es für sehr lebenswert halten werden, wenn wir über ein adäquates inneres Fundament seelisch-geistiger Art verfügen. Trotz allen Unwissens, aller Zweifel, aller Ungewissheiten und aller Herausforderungen, die das Leben nun einmal mit sich bringt, können wir dadurch an Halt, Orientierung, Vertrauen und innerlicher Sicherheit gewinnen. So manche zwischenmenschliche Problematiken lassen sich leichter verstehen und so mancher „Sturm" lässt sich besser überstehen. So wichtig ein gutes soziales Umfeld ist, durch das wir Freude, Kraft und Motivation erhalten, so wichtig ist es, aus sich selbst schöpfen zu können. Dafür bilden die äußerst tragenden Elemente meines „inneren Fundamentes" einen Grundstock. Würden wir keinerlei inneres Lebensfundament besitzen oder wäre es instabil, worauf sollten wir ein solides äußeres Lebensgebäude aufbauen? Ich möchte deshalb mit Ihnen über das sprechen, das wir Menschen als „Naturgegebenes" in uns tragen, das man als Handwerkszeug für ein gelingendes Leben bezeichnen kann. In unserem Inneren befindet sich so einiges an Grundsätzlichem, Wertvollem und Bleibendem, dessen Bewusstheit darüber sich jedoch leider bei den meisten Menschen im Laufe der Jahre etwas verloren hat. Aktivieren Sie es und ergänzen Sie es durch weitere vorhandene persönliche Attribute und erschaffen Sie damit Ihr inneres Fundament. Es sind keine unbekannten Themen, sie müssen einfach nur zu neuem Leben erweckt werden. Wir müssen wieder zu einer werteorientierten und von geistigen Schätzen getragenen stabilen Basis finden, um ein Sinn-Gefühl zu spüren. Ich würde dies als einen „Reichtum" betrachten, der so erstrebenswert ist wie nichts anderes sonst, da er beständig ist und sicher, den uns niemand nehmen kann und der unserem Leben eine ganz besondere Qualität verleihen wird. Die Bausteine, aus denen mein seelisch-geistiges Fundament besteht, sind Lebenselixiere, und sie bedingen einander. Ich möchte sie Ihnen eindringlich ans Herz legen:

Freude/Liebe & Werte/
Glaube & Spiritualität/Glück

Alles in unserer Welt ist göttlichen Ursprungs. So auch wir Menschen. Wir sind äußerst komplexe Wesen und bezeichnen uns als die „Krone der Schöpfung", denn wir besitzen Fähigkeiten, die sonst keinem anderen Lebewesen gegeben sind: Wir sind hochspirituell/hochgeistig, besitzen eine auf höchstem Niveau angesiedelte Fähigkeit zu fühlen und zu empfinden und sind zudem ausgestattet mit einem denkenden Verstand. Eine perfekte Kombination, die eigentlich, so sollte man meinen, Garant ist für ein Leben in seelischer Ausgeglichenheit, Gesundheit und Glück. Es ist paradox, aber explizit diese so wunderbaren, einzigartigen Komponenten bereiten uns Probleme und verkomplizieren unser Leben. Wie kommt es dazu? Ist es vorstellbar, dass da etwas sehr ins Ungleichgewicht geraten ist? Verbringen wir zu viel Zeit außerhalb von uns selbst, anstatt in unser Inneres zu schauen? Konzentrieren wir uns zu sehr auf die äußere Welt und betrachten diese zu sehr verstandesorientiert? Haben wir irgendwann das Wissen um unsere innere Welt, um unsere fühlenden und seelisch-geistigen Aspekte vernachlässigt? Schauen wir uns selbst und unsere Mitmenschen doch einmal genau an. Erkennen Sie diese Schieflage, bei der der Verstandesmensch Regie führt und den Ton angibt? Lassen wir uns nicht im Wesentlichen von unserem Verstand leiten, beeinflussen oder sogar dominieren? Sicher ist, dass wir ihm unbewusst eine allzu große, teilweise übermächtige Bedeutung beimessen. Wir geben ihm zu viel Raum in uns und sehen die Dinge viel zu sehr aus seiner Sicht. Unsere Leichtigkeit und die anderen so wertvollen Aspekte geraten dadurch ins Hintertreffen. Sie verlieren an Wichtigkeit und Beachtung, wir schieben sie beiseite, ignorieren, verdrängen, vergessen sie. Wir schließen sie aus und lassen sie regelrecht verkümmern! Diese Aspekte aber machen uns doch erst zum Menschen, sie allein machen uns menschlich. Gerade und im Besonderen die Gefühlswerte, der emotionale Bereich ist ein menschliches Grundanliegen, wird aber dramatisch unterschätzt und vernachlässigt. In jeder Entwicklungsstufe, vom Baby bis hin zum alten Menschen, ist das Bedürfnis nach Gefühl, Liebe und liebevoller Zuwendung vorhanden und auch die Fähigkeit, diese als solche wahrzunehmen und zu verstehen. Gefühle jeder Art wollen erkannt, gefühlt, gelebt, nicht aber unterdrückt, verdrängt oder betäubt werden, weder durch gedankliche Zerstreuung noch durch übermäßige Genüsse oder Süchte. Allein durch das Fühlen werden wir uns selbst, dem Leben und den Mitmenschen nähergebracht.

Was bleibt uns, wenn wir uns nicht den inneren Werten verschreiben? Was bleibt uns, wenn wir nicht mehr das Göttliche in uns spüren wollen? Was macht unser Leben aus, was erfüllt das Herz, was macht uns glücklich, wenn nicht die Liebe, die Freude, der Glaube, unsere Spiritualität? Und all das, was wir wollen an äußeren Dingen, an Materiellem oder sonstigen Wünschen, bauen wir auf diesem Fundament auf. Es stellt dann das „Sahnehäubchen" dar, das wir gerne genießen, von dem wir uns aber nicht abhängig machen müssen.

Viele Menschen sind in der unglücklichen Lage, sich ihrer inneren Schätze nicht bewusst zu sein und mit sich selbst nichts anfangen zu können. So bleibt für diese scheinbar ausweglose Situation meist nur das kategorienhafte Denken, um sich selbst überhaupt zu spüren: planen, grübeln, Probleme wälzen, Sich-Sorgen-Machen, beurteilen, verurteilen, und, und, und. Durch dieses Übermaß an Denkerei wird natürlich auch viel herbei gedacht, das nicht der Wahrheit entspricht und nur sinnlosen Stress erzeugt, denn unser Verstand ist im Gegensatz zu unserer Seele trügerisch, er ist manipulierbar und auch manipulativ. Er lässt uns immer wieder in allerhand verrückte Denkfallen tappen, und das beginnt schon in den kleinsten Kindertagen. Zu oft lässt er uns die Dinge einseitig, also nur aus seiner eigenen begrenzten Sicht sehen. Unser Verstand ist ein Segen, weil wir mit seiner Hilfe die Dinge tief durchdenken können und unsere Realität erschaffen. Er kann aber auch von Übel sein, wenn wir uns alleine ihm hingeben, nur ihm vertrauen und uns nur auf ihn verlassen.

Bewerten und benutzen wir deshalb unseren Verstand als das, was er ist: ein hervorragendes Werkzeug und ein treuer Diener. Beherrscht er uns dennoch, so ist es wichtig, das zu erkennen, bevor er Schaden anrichten kann. Der Schaden, von verstandes-/kopfgesteuerten Menschen angerichtet, kann in vielerlei Hinsicht sehr groß und weitreichend sein. Es ist aber auch schon ein Schaden für den, der sich das Leben in seiner Vielfalt ausschließlich rational erklären möchte, der für alles seinen Verstand einsetzt und alles durch ihn bearbeitet oder gelöst haben möchte. Auf diese Weise verliert der Mensch sein Vertrauen, das Urvertrauen in die Welt. *So nimmt das Dilemma seinen Lauf, denn: Bleibt auf Dauer unser „Herz", bleibt das „Fühlen", das „Empfinden", bleibt der Glaube an das Göttliche, bleibt unsere Spiritualität dauerhaft ausgeschlossen, so fehlt uns etwas Essenzielles.* Das im Unterbewusstsein existierende Wissen um das Fehlen auch nur eines dieser Aspekte kann im Laufe der Zeit zu schaffen machen und uns über kurz oder lang aus dem Gleichgewicht bringen, denn sie gehören ja in ihrer Gesamtheit zu uns. Der Verstand ist sich dessen meist nicht bewusst und so macht sich bei vielen Menschen irgendwann eine innere Disharmonie breit. Das nächste Stadium wären dann verschiedene Arten von „Unwohlsein" oder Symptombildung auf psychischer und auch auf physischer Ebene. *Wir sind also aufgerufen, das Leben nicht nur mit den Augen des Verstandesmenschen zu sehen, zu beurteilen und zu begreifen. Bei allem im Leben gibt es immer auch die spirituelle Seite.* Überlassen wir das Feld allein dem Verstand, ist es uns nicht anders möglich, als alles unter dem Aspekt der Nützlichkeit und des Zwecks (was bringt es mir, was nützt es mir) zu sehen. Der Verstand kann gar nicht anders, als die Dinge eingeschränkt und oft genug auch nur aus der Sicht seiner in der Vergangenheit gemachten Erfahrungen zu beurteilen und zu bewerten. Es liegt allein an uns selbst, wir haben es in der Hand, ob wir eine neue „Lebensphilosophie" zulassen wollen. Wir haben jederzeit die Möglichkeit, uns in eine neue Richtung zu bewegen. Niemand muss Vorgefundenes, Überliefertes oder Anerzogenes übernehmen, nur weil es vielleicht bequemer ist, als sich eigene Gedanken über diese so existenziellen Themen des Lebens zu machen. Um den für unsere Seele idealen Zustand herzustellen, können wir Folgendes anstreben: *Ein gleichwertiges Zusammenwirken von Denken, Fühlen, der jedem Menschen innewohnenden Spiritualität (Gottesbewusstsein) und der Weisheit unseres Geistes.* Lasst uns wieder hin zu unserer wahren Natur, lasst uns Freude erleben und anderen Freude bereiten. Lasst ein weiches Herz und Gefühle zu, versteckt sie nicht, sondern bringt die Gefühlswerte in die Gemeinschaft mit ein. Lasst uns die Liebe spüren, die Liebe zu uns selbst, zu allen Lebewesen, den Dingen und zu allem, was ist. Jeder Mensch birgt Weisheit in sich, vertraut auf sie. Lassen wir uns tragen von einem guten Gewissen. Ehrlichkeit sich selbst gegenüber bewahrt vor selbstverursachten Enttäuschungen und unnötigen Missverständnissen.

Nach dieser kleinen Überleitung möchte ich Ihnen nun mein „inneres Fundament" seelisch-geistiger Art vorstellen und dessen Brisanz nahelegen, denn in all unserer Geschäftigkeit und

Umtriebigkeit haben wir es wohl ein wenig aus den Augen verloren. Lesen Sie nun, wie sich mir die Themen „Freude, Liebe/Werte, Glaube/Spiritualität und Glück(lichsein)" erschlossen haben. Vielleicht können Sie dies als Basis für eigene Gedanken und Interpretationen verwenden.

Das Lebenselixier „Freude"

Welchen Stellenwert geben Sie der Freude? Spüren Sie, dass Freude ein elementarer Bestandteil des Lebens ist und dass durch Freude Fröhlichkeit und Leichtigkeit entsteht? Haben Sie sich Ihr Leben so eingerichtet, dass Sie sich bewusst erfreuen können an all dem, das Sie umgibt und an allem, das Sie besitzen? Legen Sie Wert darauf, dass Ihre Art zu handeln so ausgerichtet ist, dass Sie sich so oft wie möglich an den jeweiligen Resultaten erfreuen können? Gehen Sie großzügig mit sich selbst um und gönnen sich Dinge, die Ihnen Freude bereiten und Ihnen guttun? Gehören Sie zu denjenigen, denen es wichtig ist, dass die berufliche Tätigkeit Freude und Begeisterung mit sich bringt? Vielleicht beginnt ja der Tag für Sie bereits mit Freude, einfach nur deshalb, weil Sie am Morgen gesund aus dem Bett springen können, weil Sie einen Arbeitsplatz haben und ein intaktes Familienleben oder was immer es wert ist, das Herz zum Jubeln zu bringen. Allein schon der Anblick der Natur, die zu jeder Jahreszeit so viel Schönes zeigt, kann Grund zu täglicher Freude bieten.

Oftmals ist Freude jedoch nur eine kurzweilige Angelegenheit, meist dann, wenn ein Wunsch oder ein Ziel erreicht wurde. Danach flacht die Freude schnell ab und die gute Stimmung verfliegt. Eilig wird dann nach einem neuen Grund gesucht, der wieder Freude und Befriedigung bringt, damit sich keine schlechte Laune einstellt. Auch ich kannte solche Verhaltensweisen sehr gut und weiß noch genau, wie schnell ärgerliche Gefühle aufkommen können, wenn es partout keinen Grund gibt, der wieder in Hochstimmung versetzt. Damit wollte ich mich nicht abfinden, habe mir Gedanken gemacht und mir dann ein tägliches „Gedankenprogramm" verordnet, das ich durchaus empfehlen kann: Stellen Sie sich einmal bildlich vor, wie schön das Ende eines Tages aussehen könnte, an dem Sie sich strikt und ausschließlich freudvolle Gefühle verordnet hätten, unabhängig davon, ob ein Grund zur Freude vorliegt oder eben keiner. Das funktionierte bei mir ganz wunderbar, weil ich mich sofort ertappte und sogleich umswitchte, wenn auch nur im Ansatz ein ärgerlicher Gedanke aufzukeimen drohte. Im Vergleich dazu stellen Sie sich bitte das Ende eines Tages vor, an dem Sie sich ausschließlich auf freudlose Gefühle konzentrierten. Sie werden sehen, wie schnell sich diese Gefühle in Ärger verwandeln und dass hier Welten dazwischen liegen, was das innere Wohlbefinden anbelangt. Vielleicht geht es Ihnen dann wie mir, ich musste über mich und meine Gedanken herzlich lachen. Ob wir uns auf die freudvollen oder freudlosen Gefühle einlassen, ist größtenteils eine Sache der persönlichen Entscheidung.

Es gibt immer etwas, auf das wir uns freuen können oder worüber wir uns freuen können, und das auch nicht vom Geldbeutel abhängt. Wenn wir um die Wichtigkeit der Freude wissen und den Gefühlen der Freude eine Chance geben wollen, brauchen wir auch nicht unbedingt andere Menschen dazu, die uns die Freude zutragen. Nichtsdestotrotz kann der andere Mensch zur Freude beitragen, nämlich dann, wenn wir uns an ihm, also an seiner Person erfreuen. In langjährigen Partner- oder Freundschaften wird häufig vergessen, Freude in den Alltag zu bringen. Oft genügt hier schon das gemeinsame Lachen und die gemeinsame Fröhlichkeit. Probieren Sie es aus.

Vielleicht haben Sie aber auch schon einmal die Erfahrung gemacht, dass eine ganz spezielle und intensive Freude aufkommt, wenn Sie sich selbst im eigenen Herzen treu sind. Wenn wir mit unserer Denk- und Handlungsweise im Einklang sind, wenn Denken und Fühlen mit dem Tun übereinstimmen, dann stellt sich im Inneren etwas ein, das sich „Gewissen" nennt, und zwar ein gutes Gewissen. Dieses gute Gewissen löst eine Freude aus, die nicht erklärbar scheint. Für mich bedeutet dies Folgendes: *Wenn wir uns der Wirkkraft des guten Gewissens bewusst sind, können wir zu einer ganz besonderen Freude finden. Es ist die Freude am eigenen Wesen. Und in solchen Momenten dürfen wir stolz auf uns sein, ohne auch nur annähernd große Leistungen in äußeren Angelegenheiten vollbracht zu haben.* Übersehen wir dennoch nicht die vielen Möglichkeiten der kleinen und größeren Freuden des Alltags. Übersehen wir bitte auch nicht, uns an der Freude anderer zu erfreuen, speziell an der unserer Kinder und die der Tiere. Diese unverfälschte, natürliche Freude kann so manch ein verhärtetes Herz erweichen.

Sich überhaupt freuen zu können, ist jedoch nicht so selbstverständlich, wie man glaubt, denn nicht wenige Kinder werden schon früh in ihrer spontanen, überschäumenden Freude gezügelt. Gerade dann, wenn sie am größten ist und voller Begeisterung lauthals artikuliert werden will, wird das Kind zurechtgewiesen. Die Freude muss also unterdrückt werden. Welch ein seelisches Drama für ein Kind! Beim späteren Erwachsenen ist dann ein Mangel an „Sich-freuen-Können" unübersehbar.

Alles im Leben gewinnt an Leichtigkeit, gute Laune kommt auf und alle Aktivitäten werden sinnhafter und produktiver, wenn Freude mit im Spiel ist. Und wenn wir uns selbst genau beobachten, bemerken wir vielleicht sogar, dass die Freude ganz besondere Gefühle in uns auslöst, Gefühle, die sich anfühlen wie Liebe. Die Fähigkeit zu lieben setzt voraus, Freude empfinden zu können. Über die Freude können wir uns der Liebe bewusstwerden.

Die Lebenselixiere „Liebe & Werte"

Die meisten Menschen sehnen sich nach freundlichen, anerkennenden Worten, nach Wertschätzung, nach Gemocht-Werden und nach dem Gefühl des Angenommenseins. Doch zudem existiert eine Sehnsucht nach einem Bereich der Vertrautheit und der Liebe im anderen. Das ist eine Tatsache. Es ist ebenso eine Tatsache, dass schon das kleinste Kind die Liebe zwingend für seine gute Entwicklung braucht. Bekommt es davon zu wenig oder nichts, so ist die Wahrscheinlichkeit äußerst groß, dass dieser Mensch der entgangenen Liebe sein ganzes Leben lang hinterherjagen wird. Eine weitere Tatsache ist auch, dass uns die Liebe, zumindest in den meisten Fällen, weder vorgelebt noch erklärt wurde, wir bekamen dahingehend nichts mit auf unseren Lebensweg. Nach welchen Kriterien sollten wir uns denn in diesem Metier richten? Sollten wir uns vielleicht sogar nach dem eigenen Herzen richten? Das Risiko, ihm zu vertrauen, gehen wir lieber nicht ein, denn die meisten von uns haben alles Mögliche gelernt, aber nicht, auf sich selbst zu vertrauen, auf das eigene Herz zu hören. Was bleibt, ist eine große Verunsicherung.

Was ist eigentlich dann zu tun, wenn wir glauben, Liebe gar nicht zu kennen, weil wir in einem gefühlskalten und lieblosen Umfeld aufgewachsen sind? Die Frage nach der echten, wahren und freudvollen Liebe will dadurch erst gar nicht aufkommen, aber dennoch spüren wir deutlich, dass uns etwas „Großes" fehlt. Wie ist es im umgekehrten Fall zu bewerten, wenn wir Liebe geben, geben, geben, und wir selbst erhalten von anderen aber nichts zurück? Wie sollen wir mit einer solchen niederschmetternden Situation umgehen? Warum ist es so schmerzhaft, warum zerreißt es uns das Herz, wenn wir uns niemals im Leben geliebt gefühlt haben und wie wirkt sich dies auf das gesamte Leben aus? Warum ist Liebe für das hochentwickelte Wesen „Mensch" von so zentraler Bedeutung?

Zu diesem Thema gibt es unendlich viele Fragen und jede Menge Aufklärungsbedarf. Um Ihnen Anregung für etwas andere Sichtweisen zu geben, möchte ich Ihnen das, was ich zur Thematik „Liebe" bieten kann, nun in Auszügen schildern. Sie treffen auf die Liebe mit all ihren Freuden und schönen Seiten, aber auch mit ihren Unklarheiten und Sie treffen auf Antworten.

Wahrscheinlich durfte jeder von Ihnen, liebe Leser und Leserinnen, schon erleben, wie sich die große Liebe im Partnerschaftlichen anfühlt, die Liebe zum eigenen Kind oder die Liebe zu den wichtigsten Menschen im persönlichen Leben. Wie oft aber lief in der Liebe auch so einiges schief und der Traum einer immerwährenden Liebe platzte? Die Frage nach dem „Warum" war meist schnell beantwortet, der „Schuldige" schnell ausfindig gemacht: „der Andere". Was erwarten wir in dieser Hinsicht eigentlich vom anderen und wie ausgeprägt ist unsere eigene Bereitschaft, Liebe zu zeigen und zu geben? Wie sind denn unsere Vorstellungen von der Liebe? Ist das, was wir „Liebe" nennen, auch wirklich Liebe? Was ist Liebe? Wie könnte sie denn nun aussehen, die Liebe, von der wir uns erträumen, dass sie uns das große, dauerhafte Glück beschert?

Es heißt, Liebe ist ein schwer erklärbares Mysterium. Das ist wahrscheinlich der Grund, dass es so viele unterschiedlichster Vorstellungen und Erwartungshaltungen von ihr gibt, wie es Menschen gibt, die sich Gedanken über sie machen.

Begeben wir uns nichtsdestotrotz auf die Spur zur Liebe. Es ist eine Liebe, die über das allgemein praktizierte Maß hinausgeht. Eine Liebe, die uns zutiefst erfüllen und unser inneres Feuer sowie unseren inneren Frieden entfachen kann. Vielleicht brauchen wir uns gar nicht auf komplizierte gedankliche Verrenkungen einlassen, denn wir tragen bereits die nötigen Voraussetzungen in uns. In unserem Inneren können wir ansetzen. Aus meiner Sicht lässt es sich so beschreiben: *Der Schlüssel zu einer Liebe, die über den bisher bekannten Rahmen hinausgeht, liegt in der Weichheit der Empfindungen. Sie entspringt also im weichsten Fühlen und Empfinden, dessen wir fähig sind. Und sie hat etwas zu tun mit den inneren Werten.* Wir sollten uns also insofern auf eine innere Wandlung einlassen, bei der Werteempfinden und weichherziges Fühlen und Empfinden Hand in Hand gehen und den Ausgangspunkt darstellen.

Wie ein Pflänzchen, das sich aus einem Samenkorn entwickelt, soll sich in uns dadurch die Liebe entwickeln. Wenn wir dieses kleine, zarte Pflänzchen hegen und pflegen, kann eine ganz große Liebe daraus hervorgehen, eine Liebe zu allem, das uns hier auf unserer schönen Erde umgibt und in erster Linie können wir die Liebe zur eigenen Person erspüren. Die Eigenliebe ist elementar und ist die beste Voraussetzung, die Essenz der Liebe überhaupt zu verstehen. So wird sie am ehesten auch im Zwischenmenschlichen erlebt und verwirklicht werden können. Sich selbst zu lieben bedeutet, sich annehmen, wertschätzen, achten und würdigen zu können und sich selbst gegenüber weich und milde zu werden. Frage: Wann können wir uns annehmen, wertschätzen, achten und würdigen? Wir können es am ehesten dann, wenn sich gemäß unserem Denken, Tun und Handeln ein gutes Gewissen entwickeln konnte. Durch ein gutes Gewissen bekommen wir Freude am eigenen Wesen und wir erfahren so die Liebe zum eigenen Wesen. Ich sehe ein gutes Gewissen als Voraussetzung an, die eigene Person aus tiefstem Herzen annehmen und lieben zu können. Sich zu lieben bedeutet auch, dass uns bewusst sein darf, dass wir selbst nicht weniger als jeder andere es verdient haben, glücklich zu sein und respektiert zu werden.

Haben wir uns denn nicht alle ein bisschen in wohliger Gleichgültigkeit eingerichtet, was die Qualität unseres Fühlens und Empfindens anbetrifft? Es gibt ja auch keine klare „Vorlage", nach der wir uns richten könnten. Wir sind also darin sehr frei. Freiheit bedeutet aber auch Verantwortung. Verantwortung für die Entscheidung, wie ich fühlen und empfinden möchte. Lasse ich mich jedoch vom Ego-„ismus" regieren, weil es als der einfachste Weg erscheint, das Leben nach den persönlichen Richtlinien verlaufen zu lassen und Ziele leichter zu erreichen, so ist dies im Gegenzug aber auch mit innerer Härte verbunden. Auch wenn es im ersten Moment widersprüchlich klingt, so ist es doch diese Weichheit im Fühlen und Empfinden, die zu einer großen mentalen Kraft und Stärke führen kann, weil sie hervorging aus gelebten Werten und aus Werteverbundenheit – immer in der Gewissheit, sich jederzeit durchsetzen und sich auch wehren zu können.

Diese Liebe, von der wir hier sprechen, ist leistungsunabhängig und beständig. Sie beginnt dort, wo die Oberflächlichkeit endet. Sie beginnt dann, wenn wir uns der Bedeutung von inneren Werten bewusstwerden und sie in unser Leben integrieren. Es heißt, ein Mensch, der einen Weg zur Liebe sucht, da er glaubt, sie nicht zu spüren, oder wer unsicher ist, was Liebe überhaupt ist und wie sie sich definiert, der kann durch Werteerleben zu ihr finden. Die in uns vorhandenen Werte spiegeln unsere Grundeinstellung, sie geben uns Halt, Klarheit, sie bringen Ordnung ins Innere und sie steuern unbewusst unser Verhalten. Darüber hinaus sind Werte auch Leitlinien oder ein Kompass, nach dem wir uns richten können. Und dennoch sind sie weit, weit mehr, denn wenn wir Werte, allen voran Milde, Güte und Dankbarkeit, verinnerlichen, so haben wir ihnen Leben eingehaucht und können durch sie weich werden in unseren Empfindungen.

Leben Sie Ihre verinnerlichten Werte selbstbewusst nach außen, lassen Sie Ihre Mitmenschen teilhaben. Der andere ist vielleicht dankbar dafür, fühlt sich inspiriert und bereichert, denn ein Leben ohne Kenntnis um Werte kann sich mitunter sehr leer anfühlen. Es lohnt sich, über die folgende Werteliste nachzudenken:

Achtsamkeit
Anstand
Aufrichtigkeit
Dankbarkeit
Demut
Einfühlungsvermögen
Ehrlichkeit
Feinfühligkeit
Freundlichkeit
Geduld
Güte
Höflichkeit
Milde
Mitgefühl
Mut
Respekt

Rücksicht
Sanftmut
Verlässlichkeit
Vertrauen
Verständnis/Verstehen
Wahrhaftigkeit
Zufriedenheit

Für mich ist es insofern unerlässlich, sich der inneren Werte anzunehmen, als sie uns einen Weg zur Liebe bahnen und zudem der beste Ratgeber in Sachen Lebensfragen sind. An ihnen können wir uns orientieren, nach ihnen können wir uns vertrauensvoll richten.

Werden bereits dem noch kleinen Kind Werte vorgelebt, bleiben ihm diese erhalten, sie werden nicht vergessen. Etwas Sinnvolleres können Eltern ihrem Kind zunächst einmal nicht vermitteln. Und irgendwann, wenn diese Eltern ins Alter kommen, werden sie wahrscheinlich zu denen gehören, deren erwachsenes Kind im Umgang mit „dem Alten" Interesse, Gefühl, Anteilnahme und Liebe an den Tag legt.

Im Unterbewusstsein ist die Botschaft der Werte fest verankert, sie sind unsere innere Bindung an das Gewissen. Unser seelisches und psychisches Wohlbefinden kann also ein Gradmesser dafür sein, inwieweit Denken und Handeln mit unseren Werten übereinstimmen.

Trotzdem wird es nicht immer möglich sein, nach dem eigenen Werteempfinden zu handeln. Wer könnte schon immer nur ehrlich, aufrichtig usw. sein? Auch kann es Zeiten und Momente geben, in denen wir Werte ganz bewusst außer Acht lassen, weil eben manchmal auch das Gegenteil dessen ausgelebt werden will. Haben wir aber Kenntnis um die inneren Werte und haben wir sie bereits in uns verinnerlicht, so ist das auch weiter überhaupt kein Problem. Ist unser Leben jedoch aufgebaut ohne grundsätzliches Wissen um Werte, dann besteht sehr schnell die Gefahr, dass wir dauerhaft gegen sie handeln. Bestimmt fallen Ihnen hierzu gerade jede Menge Beispiele ein, wahrscheinlich eher aus dem beruflichen Bereich, denn dort werden wir oftmals sogar genötigt, entgegen unseren Werten und unseres Gewissens zu agieren. Lassen Sie sich einmal auf folgende Sichtweise ein, sie könnte Ihnen nützlich sein: Auf lange Sicht und häufig gegen Werte, gegen das gute Gewissen und somit gegen die Liebe zu agieren, macht unglücklich und kann letztendlich krank machen! Auf lange Sicht gesehen ist es sogar äußerst sinnvoll, sich selbst und seinen Werten auch dann treu zu bleiben, wenn Erfolgsdruck oder Erfolgswunsch vorhanden ist. Eine Arbeitsleistung oder jede sonstige Tätigkeit, mit Freude, Liebe und Anstand getan, wird sich absehbar immer positiv auswirken oder – auf welche Art auch immer – sogar belohnt werden.

Meiner Erkenntnis nach erinnern Gedanken hinsichtlich des eigenen Werteempfindens an die angeborenen guten und weichen menschlichen Seiten, die wir ja alle in uns tragen. *Wenn es uns also gelingen würde, Werte zu einem selbstverständlichen Teil unserer Identität zu gradieren und wenn es gelingen würde, sich ohne Scham und Scheu dem Fühlen hinzugeben, dann könnte fast von einem „Quantensprung" in Sachen Liebe gesprochen werden. Von einer solchen Liebe inspiriert werden alle Arten von Beziehungen eine neue Qualität bekommen und alle Handlungen, die aus dem Gefühl der Liebe heraus geschehen, werden ebenso eine neue Qualität bekommen.*

Menschen, die diese Liebe in sich tragen, werden Sie immer erkennen. Sie werden sie an ihrem Verhalten und Benehmen erkennen, denn sie pflegen einen ganz besonderen Umgang mit Mensch und Tier, mit der Natur und den Dingen. Von ihnen geht nichts aus, das einen anderen Menschen oder ein Tier willkürlich in Angst versetzt oder ihnen schadet. Sie gehen durchs Leben ganz nach dem Motto: „Ich fühle mich gut, wenn andere sich durch mich nicht schlecht fühlen." Besonders diejenigen, die leicht übersehen werden – die Stillen und die Leisen, die Kleinsten und die Schwächsten – erhalten von ihnen Aufmerksamkeit. In gleichem Maß auch die, die sich nie in den Vordergrund drängen und in ihrem Bedürfnis nach Liebe deshalb oft übergangen werden.

Ist von der Liebe die Rede, wird sie fast ausschließlich damit in Verbindung gebracht, dass nur der andere von unserer Liebe profitiert. Glauben Sie bitte ohne Zweifel daran, dass alles Denken und Handeln, welches einem Gefühl der Liebe entspringt, in erster Linie Ihnen selbst hilft, indem es Sie heilt. Liebevolles Fühlen, Denken und Handeln heilt Seele und Körper! Das ist selbst wissenschaftlich erwiesen.

Nun steht an, unseren „Gefühlen" und dem „Fühlen" ein Gesicht zu geben. Ich weiß nur zu gut, wie groß die Zwiespältigkeit sein kann und wie es sich in der Praxis anfühlt, wenn man einerseits aufrichtig und ehrlich seinen Gefühlen freien Lauf lassen möchte, gleichzeitig aber partout vermeiden will, sich auf die eigene Sensitivität einzulassen, weil dadurch eben auch die eigene Verletzlichkeit bewusstwird.

Man kann es an vielen Menschen beobachten: Sie schämen sich ihrer Gefühle, haben regelrecht Angst vor dem Fühlen und somit Angst vor der Liebe. Einmal zu oft enttäuscht haben sie möglicherweise irgendwann beschlossen, solche Gefühle nicht mehr fühlen zu wollen. Doch der unbewusste Drang, Gefühle zu äußern sowie die Sehnsucht, Liebe zu geben und zu erhalten, blieb dennoch im Inneren bestehen und irgendwo müssen diese Gefühle schließlich hin. So erklärt sich eventuell eine übermäßige Hingabe zum Haustier, dem Hund, der Katze. Denn sie sind in der Lage – im Gegensatz zu vielen Menschen – solche Gefühle zu erspüren, sie unvoreingenommen und dankbar anzunehmen und bedingungslos an den Menschen zurückzugeben. Diese Haustiere können auch dann ein idealer Partner an der Seite des Menschen sein, wenn es darum geht, sich in Gefühl und Liebe noch üben zu wollen.

Gefühle müssten dringend im persönlichen Lebensraum, im kleinen und größeren Kollektiv ganz bewusst kultiviert werden, damit sich nicht überall seelische Verkümmerungen ausbreiten können. Es wäre für jeden Menschen so wichtig, die Erfahrung zu machen, dass Gefühle gezeigt werden dürfen ohne Angst, sich der Lächerlichkeit auszusetzen. Wir müssten wieder lernen, uns in jeder Hinsicht gegenseitig zu achten, uns gut zu behandeln, uns umeinander zu kümmern und Rücksicht zu entwickeln auf die seelischen Befindlichkeiten des anderen. Unsere Verletzlichkeiten, ebenso unsere menschlichen Qualitäten, wollen wahrgenommen und in den Fokus des Miteinanders gerückt werden. Es kostet vielleicht ein bisschen Überwindung, doch wenn wir diesbezüglich nicht abstumpfen wollen, müssen wir selbst den Anfang machen und etwas aus der eigenen Gefühlswelt preisgeben. Wer den Mut aufbringt, sich hier authentisch zu verhalten, wird feststellen, wie auch der andere auftaut und sich öffnet.

Warum ist „fühlen" eigentlich wichtig? Und wie geht „fühlen"? Für mich haben sich diese Fragen wie folgt erklärt: Wichtig ist es deshalb, weil wir Menschen vom Grundsatz her durch und durch fühlende Wesen sind, es gehört also zu unserer Natur. Durch „fühlen" werden wir uns der eigenen Gefühle bewusst. Alle Arten von Gefühlen, auch die schmerzhaften und negativen, haben ihren Sinn und ihre Berechtigung. Zu einem reifen Menschen können wir uns nur entwickeln, wenn alle Gefühle die Möglichkeit bekommen, bewusst „durchfühlt" zu werden, die angenehmen wie die unangenehmen. Verständlicherweise neigen wir dazu, aufkeimende unerwünschte Gefühle bereits im Ansatz zu eliminieren. Ob es sich nun um ehrliches Mitgefühl, um tiefer gehende Ernsthaftigkeit oder Traurigkeit handelt, es sind nicht unbedingt unsere Themen, denn wir sind doch alle moderne Menschen, die Leistung bringen und Spaß haben wollen und die sich nicht mit „Gefühlskram" beschäftigen müssen, um im Leben zu bestehen! Wir brauchen uns jedoch nur einmal zurückversetzen in die Situationen, die in uns einschneidend etwas bewirkt haben, dann wird uns klar: Es waren genau die Ereignisse, die in der Seele am tiefsten schmerzten. Durch diese Erfahrungen bekamen wir die Chance, uns selbst nahe zu kommen.

Würde alles nur nach Wunsch laufen, wäre dies natürlich deutlich angenehmer, wir würden aber niemals zu den Erkenntnissen gelangen, die unser tiefstes Inneres für seine Weiterentwicklung benötigt. Alles Verdrängen unangenehmer Gefühle bringt nur vorübergehend Erleichterung, wird uns aber irgendwann einholen und umso mehr zur Belastung werden! Auch wenn wir heute die Wichtigkeit, die Kraft und die Auswirkung des Fühlens noch unterschätzen, das kann sich ändern, wenn wir verstehen, wie fühlen „geht" und wie sich „fühlen" und „denken" wunderbar miteinander vereinen lassen: Den ganzen Tag über denken wir. Aber genauso fühlen, empfinden und nehmen wir wahr. Wenn also ein intensives Gefühl auftaucht, dann sollte dieses in diesem Moment die volle Aufmerksamkeit erhalten, um es auch wirklich wahrnehmen zu können. Dieses Gefühl soll so lange gefühlt werden, wie es anwesend ist, aber ohne, dass sich irgendeine verstandesmäßige Beurteilung dazwischen stellt. Denn beim Fühlen befinden wir uns in der „Wahrnehmung", beim Denken befinden wir uns in der Bewertung.

So funktioniert das Fühlen. Ich glaube, es ist sehr wichtig, darum zu wissen, auch wenn es nicht ganz leicht zu praktizieren ist. Doch ganz ohne Denken geht's natürlich auch nicht, weil wir erfahrungsgemäß nicht allzu lange im Fühlen verweilen werden und weil wir schließlich auch erkennen wollen, warum wir welche Gefühle haben, im Sinne von „was und wie habe ich gerade gedacht, dass dieses Gefühl da ist". Und dazu brauchen wir eben unseren „Denkapparat". Das ist auch gut so, denn nicht selten reagieren wir in Situationen auf unsere Gefühle spontan unangemessen, einfach deswegen, weil wir uns entweder keine oder weil wir uns falsche Gedanken über sie gemacht haben (wie Sie später an anderer Stelle noch lesen werden, können sowohl Gefühle als auch Gedanken unwahr sein, entstanden durch eine „schädliche" Denkweise). Der Verstand allein ist voller Leidenschaften, er liebt das Drama und liebt den Konflikt, er findet dieses gut, mag jenes nicht. Er redet uns dieses ein und das Gegenteil. Er kann die Dinge eben nur mit den Sichtweisen der Verstandesebene beurteilen, er schöpft aus der Erinnerung an seine Erfahrungen und an sein Wissen und dann beginnt er auch noch nach seiner eigenen Logik zu interpretieren (sie ist schuld, dass ..., er ist dumm, weil ...). So baut er sich seine Story und setzt sich in Szene. Setzen wir unser Vertrauen also nicht nur auf ihn und glauben auch nicht alles, was er denkt, denn er hat andere Aufgaben als die Liebe sie hat. So intelligent er auch ist, fühlen kann er nun einmal nicht. Er leistet hervorragende Arbeit im Denkerischen, wir sollten jedoch nicht sein Ego unterschätzen, das er um jeden Preis gestärkt wissen will. Dessen Lust nach Streit und Angriff wird nämlich auch die altbekannten Emotionen hervorbringen können: Wut, Hass, Eifersucht, Neid, Gier. Grundlage für Liebe ist für ihn in der Hauptsache Übereinstimmung. Seine Argumentation gegen die Liebe lautet unter Umständen: Der Mensch hat wesentlich weniger seelisch zu leiden, wenn er sich auf Gefühlsdinge erst gar nicht einlässt. Noch einmal zur Erinnerung: Fühlen bedeutet wahrnehmen, ohne zu bewerten. Wahrnehmen mit Bewertung erzeugt Emotion.

Vielleicht schaffen wir Menschen es irgendwann, dass all unser Tun nicht mehr nur das Resultat unseres Verstandes ist, sondern das von Herz und Verstand. Dies wäre eine segensreiche Kombination, denn Herz und Verstand sind nichts Gegensätzliches. Es sind zwei großartige menschliche Qualitäten, die sich optimal ergänzen. Meist hören wir von „klugen" Leuten, dass schon unsere Kleinsten früh mit lernen und Bildung beginnen sollen. Dann sagen sie auch, dass Erfolg im Leben nur mit lebenslangem Lernen, mit Fort- und Weiterbildungsmaßnahmen zu haben ist. Doch immer verschweigen sie, dass wir ohne eine Herzensbildung an unserem Leben vorbei leben.

Wer kein lebendiges Fühlen kennt, weiß auch nicht, was ihm lieb und wert ist. Ihm bleibt alles wertlos, weil er von nichts ergriffen wird. Lassen Sie sich doch einmal ganz bewusst tief berühren, ergreifen und entzücken. Vor allem dann, wenn Tränen der Rührung fließen wollen, sollten Sie sich das unbedingt zugestehen. Schauen Sie sich dafür nur einmal in aller Bewusstheit die Schönheit und die Wunder unserer Erde und allen Lebens an. Kann man anders, als sich davon ergreifen zu lassen? Gehen Sie aufmerksam, respektvoll und mit offenen Sinnen durch die Welt und bringen Sie selbst den kleinsten Lebewesen Achtung entgegen, sie alle haben ihre Berechtigung, ihren Sinn und haben jegliche Anerkennung und Liebe verdient. Schenken Sie der Tierwelt Ihre Aufmerksamkeit. Das Gezwitscher der Vögel, Tiermütter beim Versorgen ihrer Jungen, all die wunderbaren Tiersendungen, die geboten werden, bringen uns das Leben der Tiere so nahe, dass man Gefühl, Mitgefühl und viel Rührung für deren Leben entwickeln kann. Lassen Sie sich entzücken von kleinen Kindern in ihrer unbeschwerten Natürlichkeit und absoluten Liebenswürdigkeit. Musik kann ergreifen und auch so manche Weisheit in Form von Texten, die die Seele berühren. *All das lässt uns weicher werden und vielleicht schimmert sogar durch, dass sich Liebe nicht allein und ausschließlich dadurch ausdrückt, wie sehr wir einen anderen Menschen lieben, sondern dadurch, wie weich, wie intensiv und wie groß unsere Gefühle sind zu allem, das uns umgibt, zu allem, das ist. Und so können wir lernen, alles Leben zu achten und zu ehren und es kann sich daraus das Bedürfnis entwickeln, es zu schützen, wo immer es uns möglich ist.*

Was wären wir denn ohne Liebe? Sie stellt das höchste unserer Gefühle dar, aus diesem Grund dürfen wir ganz sicher sein, dass wir alle sie in uns tragen, selbst dann, wenn wir sie nicht erhalten haben und nicht erfahren durften. Ein Hauch davon ist immer in Erinnerung und mit den richtigen Gedanken kann Liebe auch geübt und erlernt werden. Manch einer, der sagt: „Ich fühle rein gar nichts", müsste sich erst darüber bewusstwerden, *dass* er fühlen kann, und er müsste sich dann bewusstwerden, *was* er fühlen will. Wir Menschen haben alle Freiheit, uns zu entscheiden: für die Liebe oder gegen sie. Man kann sie sich allerdings nicht verordnen und nicht erzwingen. Beherrscht einen Menschen heute noch viel Negatives in übermäßiger Weise, dann muss das für eine gewisse Zeit wohl seinen Raum haben. Aber dann, wenn er all dem überdrüssig ist, darf ihm klar werden, dass nun die Zeit gekommen ist, sich anderen, besseren Gefühlen zuzuwenden. Ich glaube, in keinem anderen Metier gibt es so viel Angst vor Enttäuschung wie in der Liebe. Warum? Worin ist diese Angst begründet? Ich denke, es fehlt das Gefühl für sich selbst und die Zuneigung/Liebe zu sich selbst! So sind wir immer auf andere Menschen angewiesen, die uns bestätigen: So wie du bist, bist du der Liebe wert! Enttäuscht uns der andere, wird unser Selbstwertgefühl im Mark erschüttert und wir fallen eventuell sehr tief. So begeben wir uns in eine Art Abhängigkeit, die Unsicherheit und Unfreiheit mit sich bringt und es wird immer Personen geben, die dies zu ihren Zwecken ausnutzen. Manipulanten haben hier ein besonders leichtes Spiel.

Entscheidend bei allen Informationen und Ratschlägen zum Thema Liebe ist zweifellos dieses gute Gefühl zu sich selbst, die Liebe zum eigenen Wesen, zur eigenen Seele. Die Eigenliebe ist nicht zu verwechseln mit Narzissmus und Egozentrik, denn sie ist ohne Überheblichkeit und sie kreist auch nicht nur um sich selbst, sondern ist die Achtung und die Wertschätzung, die wir uns selbst entgegenbringen können, weil wir mit uns im Einklang sind. Während die einen wie selbstverständlich glauben, dass ihnen die Welt zu Füßen liegt, sind andere von Selbstzweifeln geplagt. Wenn wir wissen, wer wir sind und wie wir sind, wenn fühlen, denken und handeln harmonisieren und wenn ein gutes Gewissen uns versichert: „Sei stolz auf dich, du bist in Ordnung, so wie du bist", dann ist genau dies ein Zeichen für den vielleicht noch unsicheren oder zweifelnden Menschen, dass es nun langsam Zeit wird, die Liebe zur eigenen Person zuzulassen.

Das Vertrauen *in* sich und die Liebe *zu* sich sollten also nicht allein davon abhängig gemacht werden, was uns der Verstand einzureden versucht. Wenn wir bislang allein ihm vertrauten, der uns ja oft genug nur das vermittelt, das wir über die äußeren Einflüsse (z. B. über die Mitmenschen) aufgenommen haben (in Form von Bewertung, Beurteilung, Kritik), dann dürfen wir jetzt selbst dafür Verantwortung übernehmen, wie wir uns sehen. Empfinden wir uns selbst als ein liebenswertes Geschöpf, so gehen wir entsprechend pfleglich mit uns um, und es bleibt dann nicht aus, dass wir genauso pfleglich mit allen anderen Geschöpfen umgehen. Wenn wir aber nicht besonders viel von uns selbst halten, wenn wir uns vielleicht verachten oder im schlimmsten Fall sogar hassen (auch unbewusst), besteht die Gefahr, dass wir solche Gedanken und Gefühle auf unser Umfeld projizieren. *So sind eine positive Grundhaltung und ein gesundes Maß an Liebe, Zuneigung, Mitgefühl und Freundschaft zu sich selbst die beste Voraussetzung für jede Art von wirklich guten, aufrichtigen Beziehungen zu anderen Menschen.*

Das Thema „Liebe" ist so vielschichtig wie wir Menschen eben auch sind, deshalb hat es für viele von uns den Anschein von Unbegreiflichkeit und Kompliziertheit, was es im Grunde genommen aber gar nicht sein muss. Wollen Sie sich nun ansehen, was Liebe aus uns macht, wie sie sich auf uns und andere auswirkt? Interessiert es Sie, was es bedeutet, Liebe verinnerlicht zu haben, aber auch, was Liebe nicht zwangsläufig sein muss? Die Liebe ist ein innerer Zustand, eine seelische Beschaffenheit. Sie können sich demnach den Unterschied vorstellen zwischen einem Lebensverlauf in Liebe und einem ohne Liebe: In erster Hinsicht bereichern „liebende Gefühle" das gesamte eigene Leben! Das gilt für Männer und Frauen gleichermaßen. Jeder Mann trägt neben seinen vorrangig männlichen Aspekten auch einen Anteil der weiblichen in sich und jede Frau darf sicher sein, dass neben ihren vorrangig weiblichen Aspekten auch die männlichen in ihr existieren. Wenn wir darum wissen und beiden Aspekten in Harmonie Raum geben, müssen wir uns um die innere Ausgewogenheit keine Sorgen machen. Die Männer müssen sich weder ihrer weichen Anteile schämen, die Frauen müssen in einer Männerdomäne nicht auch noch allzu männlich agieren, sondern dürfen die wunderbaren Vorzüge, die der Weiblichkeit zugeschrieben werden, voller Selbstvertrauen in die Welt tragen. Wie sehen wir denn vor unserem geistigen Auge im Allgemeinen den „idealen" Mann oder die „Traum-Frau"? Sehnen wir uns denn nicht nach dem mitfühlenden, warmherzigen und trotz allem „maskulinen" Mann, der die raue Schale ebenso besitzt wie den weichen Kern? Nach dem, dessen natürliche und kraftvolle Ausstrahlung einem milden, gütigen „Inneren" entspringt. Und wer sucht nicht das typisch weiblich Weiche? Was gibt es Schöneres, als wenn Frau sich ihrer inneren Kraft, ihrer Milde, Güte, ihrem Mitgefühl, Verständnis und ihrer Liebe bewusst ist und diese ausdrücken kann?

So wird sie ihre weiblichen Seiten voller Selbstvertrauen und ohne Angst vor Ansehensverlust nach außen hin offenbaren können und ihre Herzenswärme ergießt sich dann nicht nur – symbolisch gesehen – über das eigene Kind, sie sieht ebenso jedes andere Kind mit liebenden Augen an.

Nicht selten jedoch wird Liebe gleichgesetzt mit Schwäche oder Gefühlsduselei, wird nicht ernstgenommen oder sogar belächelt. Es ist nicht zwangsläufig notwendig, dass ein Mensch, der die Liebe in sich trägt, diese auch vor sich hertragen muss. Allein ihre Existenz in ihm und sein Wissen darum genügen. Liebe ist Milde, Güte und Schönheit im Innen. Sie weiß um ihre Wichtigkeit, aber sie macht sich nicht wichtig. Sie gibt uns inneren Frieden, Freiheit und Verbundenheit, stärkt und erhellt in jeder Hinsicht und führt zu Gelassenheit und Zufriedenheit. Liebe ermöglicht, hinter die Fassade zu schauen und im anderen immer zunächst den Menschen, den vielleicht seelisch verletzten Menschen, zu sehen, bevor wir ihn verurteilen und mit schweren Geschützen gegen ihn auffahren. Die Liebe lässt, wenn nötig, jederzeit einen Schritt zurücktreten oder eine andere Gedankenebene einnehmen, um die Dinge aus der Perspektive des anderen zu sehen. Sie bedeutet, loszulassen und Freiheiten zuzulassen, ebenso aber auch Grenzen zu setzen, und sie ist frei vom inneren Zwang zur Beurteilung und der Verurteilung.

Liebe verändert uns ausnahmslos zu unserem Vorteil. Liebe ist die Essenz unseres Lebens. Sie ist gottgegeben, sie ist das Heilige in uns und macht aus uns einen bewusst lebenden Menschen:

- Liebe wird nicht nur vom Menschen wahrgenommen, sondern auch von den Tieren.
- Liebe „macht" frei, fröhlich, lebendig, und wir fühlen uns befreit von vielen mentalen Lasten.
- Liebe bringt Frieden und Harmonie im Innen wie im Außen.
- Liebe lässt uns einen anständigen und freundlichen Umgang miteinander pflegen.
- Liebe nimmt den anderen in seiner Persönlichkeit wahr.

- Liebe „macht" gesund und schön, denn Seele und Körper hängen unmittelbar zusammen.
- Liebe nährt und erhebt.
- Liebe „macht" großzügig im Geben und großherzig im Denken.
- Liebe versucht sich in Neutralität, bevor sie verurteilt.
- Liebe lässt den anderen sein.
- Liebe fördert den Gemeinschaftssinn, es entsteht ein Gefühl der Verbundenheit.
- Liebe bringt Lebenskraft, Lebensfreude und Lebensklugheit.
- Liebe ist interessiert am Wohle aller, nicht nur am eigenen.
- Liebe lässt zu einem Leuchtturm werden und Vorbild sein für alle, die auf der Suche sind.

Wenn ich mich frage, bei welchen Menschen ich mich am wohlsten fühle, komme ich zu dem Schluss, dass es die sind, in deren Gesellschaft ich mich innerlich frei und zwanglos fühle, weil sie mich nicht mit Argusaugen beobachten, um Schwächen oder Fehler bei mir zu finden. Sie suchen nicht nach dem „Haar in der Suppe" und sie maßen sich nichts an, das ihnen nicht zusteht: Weder bevormunden sie noch erheben sie sich über andere und ergötzen sich nicht an der Bewertung ihrer Mitmenschen. Sie bilden sich auch nicht ein, der eigene Level und das eigene Niveau seien dem der anderen ja sowieso grundsätzlich voraus, deshalb kommt es ihnen nicht annähernd in den Sinn, sich abschätzig zu verhalten. Das nenne ich Liebe! Und wenn wir im Alltag genau hinsehen, erkennen wir Liebe überall. Sie zeigt sich dann, wenn wir nicht vorbeigehen an dem alten Menschen, der sich schwertut, seine Einkäufe die Treppe hochzutragen. Wenn wir uns Zeit nehmen für die Kinder und ihnen Achtung und Wertschätzung entgegenbringen. Wenn wir einander gütig in die Augen sehen und verzeihen können, wenn wir einander beachten – auch den Fremden – und den Neuen in der Gemeinschaft herzlich aufnehmen. Wenn wir uns füreinander interessieren, auf den anderen eingehen bei dem, das ihn bewegt, und wenn wir uns an seinem Glück erfreuen. Wenn die „Fünf" auch mal gerade sein darf und wir trotz Meinungsverschiedenheiten immer wieder zueinander finden. Wenn wir unsere Tiere und Pflanzen pflegen und der Natur gegenüber Dankbarkeit und Bewunderung empfinden. Und wenn wir uns immer wieder in Empathie üben und sie ausdrücken, auch „nur" einem kleinen Käfer gegenüber, den wir aus der Regenpfütze retten.

Lassen Sie die Liebe einfach zu, denn sie gehört zu Ihnen, sie gehört zur Spezies Mensch. Lassen Sie sich von ihr verzaubern ohne Angst vor „Kontrollverlust", denn man darf sich auch nicht in ihr täuschen: Liebe hat wahrlich nichts zu tun mit „Immer-nur-lieb-Sein" und nichts damit, vor Liebe zu „zerfließen". Sie zeichnet sich nicht dadurch aus, sich nur als Wunscherfüller für andere zu degradieren oder sich für andere aufzuopfern. Liebe ist für den anderen da und hilft im ihr möglichen Rahmen, so viel sie kann und will und wenn es nötig ist, erlaubt sie sich auch ein selbstbewusstes „Nein". Die Liebe geht erhobenen Hauptes durch die Welt und selbstverständlich kann sie wütend und zornig sein, denn sie weiß, dass es Wut und Zorn sogar oftmals braucht, sonst gäbe es an der Stelle keine Veränderung. Dieser Zorn und diese Wut sind allerdings von anderer Qualität, denn die Liebe schlägt weder verbal noch körperlich blindlings um sich. Vielleicht ist es ein bisschen Lebenskunst, die Liebe zu leben und sich dennoch die eigenen Emotionen zuzugestehen, denn diese sind nur allzu menschlich und dürfen keinesfalls unterdrückt oder verdrängt werden. Beides kann gleichzeitig geschehen: Die Liebe zum Ausdruck zu bringen und die Emotionen in bewusster Weise auszuleben. *Ist unser Denken und Fühlen von Liebe und von Werten unterlegt, dann können wir uns der Angemessenheit unseres Verhaltens, Tuns und Handelns ziemlich sicher sein.*

In unserem Leben werden Menschen kommen und gehen. Manche hinterlassen positive, andere negative Spuren. Wenn Sie um die echte Liebe wissen, werden Sie sich diesbezüglich nicht um jeden Preis von der Zuneigung anderer abhängig machen müssen. Sie werden wahrscheinlich nicht um die Liebe betteln und sich auch nicht dafür verbiegen. Sie werden vielleicht sogar all die Taktiererei durchschauen, die auf diesem Gebiet abläuft, wohlwissend um die Liebe in Ihrem eigenen Inneren.

„Das einzig Wichtige im Leben sind die Spuren der Liebe, die wir hinterlassen, wenn wir gehen." (Albert Schweitzer)

Menschen, die nicht spüren und nicht wissen, dass sie die Liebe in sich tragen, verhalten sich oft gleichgültig, kaltherzig und lieblos. Sie können einen anderen oft noch nicht einmal „mögen" oder ihn „gernhaben". Sie sind an keiner seiner Empfindungen interessiert und können dessen menschliche Qualitäten weder schätzen noch erkennen. Sie sind diesbezüglich in ihrer Wahrnehmung „leer". Der Mensch braucht aber die Liebe. Wird sie dem Mitmenschen vorenthalten, wird weiter an diesem Schema festgehalten, so wird sich am Zustand unserer Gesellschaft und dem unserer Welt so schnell nichts verändern können. Versuchen Sie daher, „weich" für die Liebe zu werden sowie pfleglich und liebevoll mit allen Geschöpfen umzugehen, die Ihnen anvertraut sind. Erwarten Sie dafür möglichst keine Gegenliebe oder -leistung und denken Sie bitte daran: Der Weg zur Liebe beginnt mit der Liebe und Akzeptanz sich selbst gegenüber. Diese Reihenfolge muss eingehalten werden, anders wird es nicht gehen. Das Thema „Liebe" schließe ich nun ab mit einem wunderbaren Text von Laotse:

„Pflichtbewusstsein ohne Liebe macht verdrießlich.
Verantwortung ohne Liebe macht rücksichtslos.
Gerechtigkeit ohne Liebe macht hart.
Wahrhaftigkeit ohne Liebe macht kritiksüchtig.
Klugheit ohne Liebe macht betrügerisch.
Freundlichkeit ohne Liebe macht heuchlerisch.
Ordnung ohne Liebe macht kleinlich.
Sachkenntnis ohne Liebe macht rechthaberisch.
Macht ohne Liebe macht grausam.
Ehre ohne Liebe macht hochmütig.
Besitz ohne Liebe macht geizig.
Glaube ohne Liebe macht fanatisch."

Die Lebenselixiere „Glaube & Spiritualität"

Sie sehen, vieles in unserem Leben steht und fällt mit der wahren, reinen Liebe. Sie sehen, wie enorm wichtig es ist, sich der Liebe bewusst zu werden und sie im eigenen Inneren zu fördern, denn sie ist auch ein Weg zu Gott. Zu einem Gott der absoluten Liebe und Weisheit, wie ich diese hohe Geistigkeit, diese alles überragende lichtvolle, unendliche Kraft empfinde, die in allem und jedem manifestiert ist.

Mancher Leser wird die nächsten Zeilen jedoch trotzdem überspringen wollen, da er von Höherem oder von Göttlichem besser nichts wissen möchte. „Es lebt sich schließlich auch ohne recht gut" und wie sollte man sich denn einen Gott vorstellen und sich mit ihm befassen wollen, der zwar allmächtig ist und dennoch Leid und Elend zulässt? Für viele Menschen ist dies die Kernfrage vieler unbeantworteter Fragen. Ich persönlich bin allerdings fest davon überzeugt, dass die Menschen, die das Gute wollen, und diejenigen, die – egal in welcher Intensität – in Anbindung an das geistig Höhere leben, die an das Wahre, Schöne, Aufrichtige und an die Liebe glauben, dass solche Menschen nicht um alles in der Welt fähig sein können, ein anderes Lebewesen in irgendeine Art von Leid und Elend zu stürzen. Alles, was wir tun, ist letztendlich unsere freie Entscheidung aufgrund unseres freien Willens.

Glauben und Religion gibt und gab es überall und zu allen Zeiten. Das kann doch nur bedeuten, dass es am Grunde unserer Seele ein tiefes inneres Wissen gibt. Dieses Wissen äußert sich – bewusst oder unbewusst – als Sehnsucht. Es ist eine Sehnsucht nach dem Ewigen und Unendlichen, es ist eine Sehnsucht nach Gott. Ein solches Verlangen, das sich durch alle Epochen der Menschheitsgeschichte hindurchzieht, kann also nicht ohne Sinn sein. Es zeigt uns, dass tief im Inneren des Menschen eine Art Gewissheit herrscht um die Herrlichkeit Gottes im eigenen Wesen und in allem, das ist.

In der heutigen Zeit gibt es jedoch enorm viele Menschen, die sich für Göttliches nicht interessieren und es gibt viele, die

Göttliches leugnen. Sie empfinden sich selbst als das Maß der Dinge und sie verhalten sich entsprechend. Andere nehmen das Wort „Gott" zwar nicht in den Mund, wissen sich aber im Innersten auf gewisse Weise gebunden an das Göttliche. Das sind die Menschen, die sich nur ihrem Verstande nach nicht mit einer Gottes-Existenz beschäftigen. Und dann gibt es noch diejenigen, die spüren, dass es außer ihnen selbst noch etwas gibt, das eine hohe allumfassende Intelligenz, etwas Großes, Weises und Machtvolles ist, etwas, das unser aller Quelle ist. Das sind Menschen, die das Göttliche in sich und in allem erkennen. Und für viele dieser Menschen beruht ihr Glaube nicht mehr nur auf „glauben", sondern er ist zu ihrem persönlichen „Wissen" geworden.

Es liegt in unserer menschlichen Natur, dass wir grundsätzlich für alles Beweise haben wollen. Die Beweise sichern aber nur den Verstand ab. Nicht die Beweise allein bewirken unseren Glauben an Gott, sondern unser tiefes inneres Fühlen, Ahnen und Wissen. Es gibt da nämlich etwas, das sich „Gottesfunke" nennt und der in jedem Menschen existiert, wir sind eben mehr als nur Körper und Verstand. Dadurch können wir zu Glaubenden werden, wir müssten dafür nur unser Herz und unseren Geist öffnen, wir müssten diesen Gottesfunken erkennen wollen, ihn zulassen, annehmen und uns ihm hingeben wollen.

Aber auch ohne, dass je ein Mensch die letzten Fragen des Lebens beantworten könnte, gäbe es sie ja trotz allem, die Beweise. Wir müssten sie nur als das sehen wollen: Zeigt sich Göttliches denn nicht in allem, das wir sind und das uns umgibt? Das ganze Universum in seiner absoluten Ordnung, unser Planet in seiner Schönheit, alles Leben, das in seiner Komplexität nicht zu überbieten ist. Soll dies alles von selbst entstanden sein? Welch großartiger Planer muss hier am Werke sein! Vor all dem kann man sich nur in voller Hochachtung und Demut verneigen. Nicht zu vergessen die vielen kleinen und großen Wunder, die sich täglich im Leben vieler, vieler Menschen ereignen und sie in großes Erstaunen und Ehrfurcht versetzen. Auch ich gehöre zu diesen Menschen, und ich möchte Ihnen an dieser Stelle „von der Sache mit der Zimmerdecke" erzählen, meinem ersten Erlebnis dieser Art, das noch heute manch einen in meiner Familie sehr berührt. Es sollte sich als Anlass herausstellen für mein späteres Interesse an all dem nicht Begreifbaren, Unvorstellbaren und nicht Erklärbaren, das es zwischen Himmel und Erde so gibt. Und es sollte auch nicht das einzige dieser Art bleiben ...

... Es war nur ein Gefühl! Ein sehr mächtiges, zweifelloses Gefühl, das meinen Vater damals überkam und dem Baby somit das Leben rettete. Dieses Baby war ich. Kuschelig und warm eingepackt in eine Decke lag ich damals täglich auf der Couch in unserem Wohnzimmer, von wo aus ich meiner Mutter bei der Hausarbeit zusehen konnte. Das gefiel uns beiden, ich konnte sie beobachten und sie hatte mich immer im Blick. Kam dann mein Vater von der Arbeit nach Hause, legte er sich zum Entspannen eine Zeit lang auf die Couch, mit mir auf der Brust. Eines Tages kam er jedoch wesentlich früher als üblich nach Hause, früher als seiner Chefin lieb war, die für diesen Tag noch einiges für ihn zu erledigen gehabt hätte. Selbst eingehendes Bitten nutzte nichts. Er fuhr nach Hause mit folgender Erklärung: „Frau Hübner, ich muss nach Hause, unbedingt! Ich weiß nicht warum, aber es zieht mich förmlich hin! Ich kann es Ihnen nicht erklären!" Und weg war er. Was dann geschah, ist schon einige Gedanken wert: So lagen wir beide also zufrieden und hochentspannt auf der Couch, als urplötzlich, wie aus heiterem Himmel, ein Teil der Zimmerdecke direkt über uns aufbrach (die komplette Decke zeigte wohlgemerkt schon länger einige winzige Risse). Das Material stürzte herab, doch mein Vater reagierte intuitiv und drehte sich blitzschnell mit mir herum, sodass mir nichts passierte.

... Es war nur ein Gefühl, ein sehr mächtiges, zweifelloses Gefühl in meinem Vater, das ihn veranlasste, so schnell als möglich nach Hause zu kommen. So richtig beschreiben konnte er dieses Gefühl nie. Die einzigen Worte, die er dafür fand, lauteten: „Ihr wisst ja, ich bin nicht bigott, aber irgendetwas war da." Ich für meinen Teil bin sicher: Hier waren wohl einige Schutzengel für mich unterwegs, die in ihm dieses Gefühl auslösten.

Viele Menschen berichten von Erlebnissen ähnlicher Art. Darüber hinaus gibt es natürlich jede Menge Fakten auf dem Gebiet des Geistigen. All dies müsste uns doch eigentlich aufzeigen, dass uns eine höher geartete Geistigkeit umgibt. Wenn es eine solche höhere Geistigkeit gibt, kann es dann noch Zweifel geben, dass es darüber hinaus eine noch weitaus höhere geistige Kraft gibt, eine Instanz, die wir „Gott" oder das „Göttliche" nennen? Ich kann keinen Moment daran zweifeln. Überall in der Wissenschaft, wo unermessliche menschliche Intelligenz am Werke ist, stoßen Forscher an Grenzen, die nur einen Rückschluss zulassen: Alles wird gelenkt. Hinter allem steht eine geistige Kraft, die größer, kraftvoller und mächtiger ist als alle Materie.

Es ist uns Menschen ja auch gestattet, den Vorhang zur geistigen Welt entsprechend weit zu lüften, um ein wenig hinter die großen Geheimnisse zu blicken, der Rest aber bleibt verborgen und ist Glaube und Gottesvertrauen.

Glaubensrichtungen mit ihren Vorstellungen von Gott gibt es viele. Ich selbst war lange Zeit in „Sachen" Gott unterwegs, denn weder von Seiten meiner Familie noch meines Umfeldes war ich dahingehend geprägt. Ich fand zu Gott jenseits einer kirchlichen Doktrin, ich fand Zugang zu Göttlichem, als ich mich zunächst für die „himmlischen" Schutzwesen des Menschen zu interessieren begann und darüber in die spirituellen Sichtweisen hineinglitt. Spiritualität ist das Wissen um die höheren Zusammenhänge, sie schafft Verbindung zu dem, was man nicht sehen kann, das aber dennoch existiert. In der Spiritualität lernte ich zunächst etwas über die geistigen Gesetzmäßigkeiten kennen. Ich lernte, dass es im Menschen und im gesamten Kosmos weitaus mehr an Geistigem gibt, als unser Verstand sich vorzustellen vermag, und mir wurde bewusst, dass sich dahinter etwas ganz Großartiges verbirgt, etwas, das wir Gott oder das Göttliche nennen. Es ist also nicht der Intellekt gemeint, wenn ich hier von „Geistigem" spreche. Geistiges übersteigt unseren Verstand und ist größer als die Materie. Ich erkannte und ich fühlte auch, dass eine geistige Ebene anerkannt werden musste, um das Thema „Gott" einigermaßen erfassbar zu machen. Auf dieser Ebene kann der Verstand auch einmal etwas zurücktreten. Dort, wo „Fühlen" und „Empfinden" zu Hause sind, kann eine Bewusstheit dafür entstehen, dass es eine Seelenebene gibt, dass wir von Gott beseelte Wesen sind und dass wir uns der eigenen Seele gewahr werden können. Glaube und Spiritualität gehören für mich deshalb einfach zusammen. Ich kann mir nicht vorstellen, auf welche Weise sonst Gott ansatzweise ergründbar sein könnte. Und als ich dann so richtig neugierig wurde und mich mit etwas mehr Grundwissen ausstattete, konnte ich die Zusammenhänge im Gesamten, im Persönlichen und im Zwischenmenschlichen besser verstehen, vielleicht sogar besser, als es in mancher Psychologie geschieht.

In der Spiritualität verliert sich die Klein-Klein-Denkerei. Ich erkannte, dass die Welt nicht da aufhört, wo sie nicht mehr sichtbar ist. Ich lernte, über meinen Tellerrand hinauszuschauen, größer und weiter zu denken und zu fühlen, als nur soweit es das Auge und die eigene Vorstellungskraft zulassen. Ich erfuhr, dass wir Menschen aus höheren Quellen schöpfen können und dass hierbei Fühlen, In-Sich-Hineinfühlen und die Gefühle entscheidend sind. Der „Gottesfunke" ist die in uns allen vorhandene Spiritualität und diese ist nichts anderes als „Geistigkeit" (Spirit = Geist). Diese wiederum ist Energie, es ist allerdings eine Energie, hinter der eine Bewusstheit, also ein Gedanke steht. Unsere Gedankenkraft ist mächtiger, als uns meist bewusst ist, und wir können sicher sein, dass sich Gedanken manifestieren und das äußere Leben mitgestalten. Kein Gedanke – weder ein guter noch ein schlechter – bleibt ohne Folgen. Es ist ein Naturgesetz, dass sich verstärkt, was Aufmerksamkeit bekommt, was bedeutet, dass die Energie der Aufmerksamkeit folgt und dass es deshalb enorm wichtig ist, auf die Qualität der Gedanken und Denkweisen zu achten. Wenn wir darum wissen, wird es uns möglich werden, sich der guten, hilfreichen, sinnvollen, sinngebenden, friedfertigen und der heilenden Gedanken bewusst zu werden und sie zu unterlegen mit den entsprechenden Gefühlen. Denn sonst bleibt der Gedanke eben nur ein Gedanke.

Wer will schon Schlechtes und Böses erleben, deshalb müssen wir wieder das „Gute", „Wahre", „Schöne" und das „Aufrichtige" in uns erwecken. Jede Körperzelle erfreut sich an Gedanken der Achtsamkeit, Bescheidenheit oder Dankbarkeit sowie an allen anderen geistigen Werten und an unserer Fröhlichkeit. Und jede dieser Zellen revanchiert sich mit Gesundheit. In der Spiritualität geht es darum, wie wir die Dinge tun, wie wir über die Dinge denken und dass wir registrieren, wie wir uns jeweils dabei fühlen. Und es geht darum, zu verstehen, warum uns die Dinge so geschehen und nicht anders. Wir dürfen uns mit dem Gedanken anfreunden, dass viele unserer Probleme und zwischenmenschlichen Unstimmigkeiten einen tieferen Hintergrund haben und dass deshalb nach Erklärungen und Lösungen nicht nur auf der Verstandesebene gesucht werden sollte. Es geht um die Erkenntnis, dass alles, was geschieht, seinen Sinn hat und dass unsere Aufgabe darin besteht, aus jeder Situation zu lernen, um uns weiterentwickeln und entfalten zu können. Es geht um die Erfahrung, dass wir uns in Gott aufgehoben fühlen dürfen, dass Gott kein wertender, urteilender und kein strafender, sondern ausschließlich ein liebender und helfender Gott ist und dass wir Vertrauen haben dürfen. Wir können uns gewiss sein, dass das Leben nicht aus Kampf bestehen muss, um Ziele zu erreichen, sondern dass es genügt, das zu tun, was wir tun können, und den Rest unserer göttlichen Führung anzuvertrauen. Gefühle der Verlorenheit, der Unsicherheit oder der Angst können sich im Gottesvertrauen neutralisieren und stattdessen seelische Kraft, Stärke und wahre Erfüllung hervorbringen. Im Glauben und der Spiritualität wird alles klarer und leichter. Wir sollen erkennen, dass jeder von uns und jedes andere Lebewesen ein wertvolles göttliches Geschöpf ist und dass wir unser Leben auch genießen dürfen. Denn wir leben nicht ausschließlich dafür, um zu tun, zu machen, etwas zu schaffen und etwas zu erreichen. Wir leben auch dafür, um einfach nur zu „sein" und eine Verbindung zu uns selbst zu finden sowie zu dem, das größer ist als wir selbst. Und letztendlich geht es um Heilung – einer Heilung von Körper und Seele.

Viele Menschen erkennen nicht ihre eigene Spiritualität und setzen sie daher gleich mit Hokuspokus, weil Spiritualität eben nicht mit Händen zu fassen und nicht mit Augen zu sehen ist, sondern reine Energie ist. Für unsere kleinen Kinder ist der Zugang zu diesen Energien noch etwas Natürliches. Sie fühlen und sehen ihre Schutzwesen und sie sprechen mit ihnen. Wir Erwachsene, die wir uns längst davon entfernt haben, machen trotzdem ununterbrochen Bekanntschaft mit diesen Energien, weil sie ja die höheren geistigen Anteile in uns sind. Hier zwei einfache Beispiele, die wohl jeder schon einmal erlebt hat: Man hat gerade einen Gedanken, und während man darüber nachsinnt, spricht der Gesprächspartner exakt diesen Gedanken aus. Oder: Wie ist es zu erklären, dass sich plötzlich ungewöhnliche oder starke Gefühle und Gedanken an eine bestimmte Person einstellen und später stellt sich heraus, dass dieser Person genau in diesen Minuten ein Unglück widerfahren oder diese verstorben ist? Es lohnt sich, über all das nachzudenken.

Heute, als erwachsene Menschen, blicken wir ja in der Regel auf jede Menge Erlebnisse, Geschehnisse und Erfahrungen zurück. Würden wir nicht gerne auch durchschauen, warum uns die Dinge so widerfahren sind und nicht anders? Nicht besser, nicht leichter und nicht schöner? War alles nur Zufall? Hatten wir einfach nur Pech? Sind wir Spielball der Geschehnisse? Oder lässt sich dahinter so manche Botschaft und ein Sinn erkennen?

Die Antworten lassen sich nur in einer übergeordneten, einer spirituellen Sichtweise finden. Soll sich uns diese Thematik erschließen, ist es zunächst einmal wichtig, folgende Aussage nachvollziehen zu können bzw. sie nicht strikt abzulehnen: Was bedeutet es eigentlich, spirituell zu sein? Spirituell zu sein bedeutet zu wissen, dass ein jeder von uns ein hohes geistiges Wesen ist, eine unendliche Seele, und dass wir Teil eines großen Ganzen und einer großen Ewigkeit sind. Als ich erstmalig damit konfrontiert wurde, fiel ich aus allen Wolken, für mich klang das zunächst etwas abwegig. Doch dann wollte ich es genauer wissen und ich machte mich wieder einmal auf die Suche, um die geistige Materie näher kennenzulernen. Es gibt Menschen, die die Fähigkeit besitzen, in diese Welt hineinzublicken und Dinge zu erkennen, die uns „normalen" Menschen nicht zugänglich sind. Da waren beispielsweise die (Engel-)Channelings, bei denen ich nicht nur die Existenz einer geistigen, höheren und übergeordneten Welt erkannte, sondern auch ganz persönliche, an mich gerichtete Botschaften erhielt, durch die ich auch über mich selbst so viel erfahren durfte, was auf irdischem, herkömmlichem Weg nicht möglich ist. Mich interessierte, was es mit der Hellseherei auf sich hat, wie es möglich sein kann, das, was war, und das, was kommen wird, zu erkennen. Ich bin immer wieder beeindruckt über die Zusammenhänge und die Weisheit, mit der wir aus der feinstofflichen Welt überschüttet werden, wenn wir es wollen und wenn wir darum bitten. Vielen Menschen ist es auch gegeben, auf geistiger Ebene zu heilen. Ich selbst durfte die Erfahrung einer solchen Heilung machen. Mein Bild über die „himmlische" Welt vervollständigte sich beim Besuch eines Jenseits-Mediums. Ich wollte in Kontakt treten mit meinem verstorbenen Vater. Es gelang. Was ich übermittelt bekam, waren Botschaften und Informationen, über die nur er Bescheid wissen konnte. Ich fühlte mich erleichtert, sozusagen aus erster Quelle etwas über meinen Vater als die immerwährende Seele, die er ist, zu erfahren. Und so wurde mir einmal mehr die Existenz einer geistigen Welt bestätigt. (An dieser Stelle möchte ich Folgendes anmerken: Wie überall sonst, so gibt es auch auf dem Gebiet der Spiritualität vieles, das sich da tummelt, wie z. B. Menschen, die mit esoterischen Spinnereien ihr Geld verdienen. Deshalb achte ich bei allen Informationen stets auf mein „Bauchgefühl". In all den Jahren meiner Suche traf ich immer auf Menschen, bei denen in Wissen und Können auch ihre Gottverbundenheit und die Liebe zu Jesus Christus deutlich erkennbar war. Vielleicht war das der Grund, dass mein Vertrauen nie enttäuscht wurde.)

Jetzt hatte ich also meine „Beweise" für die oben genannte These zusammen, alles war für mich nachvollziehbar und der

Groschen fiel. Durch dieses Wissen machte alles Sinn und dieses Wissen beruhigte mich sehr. Ich erkannte, dass das Wissen um den Sinn dessen, was im Leben geschieht, Kraft verleiht, und dass die Angst vor der Sinnlosigkeit von Geschehnissen Kraft raubt. Ich weiß heute, dass unsere Erde ein großer Abenteuerplatz ist und unser Leben eine Schule, in der wir in körperlicher Form die Erfahrungen machen, die der Seele für ihre Weiterentwicklung dienen. Manches will durch gelebte Erfahrung gelernt, manches erkannt und manches will überwunden werden. Was immer auch der Grund sein mag für den individuellen Lebensverlauf, es steht ein großer Sinn dahinter. Wir dürfen erkennen, unsere Bewusstheit darf sich erweitern. Auch wenn der Körper einmal vergehen wird, diese Bewusstheit wird bleiben und sie wird wiederkehren, denn sie hat ein großes Ziel ...

Wir Menschen identifizieren uns ja gerne mit unserem Körper und dem Verstand und sind stolz, wenn wir diesbezüglich einiges zu bieten haben. Oft vertrauen wir dabei auf andere Menschen, die uns aufgrund unseres Körpers und Verstandes beurteilen und uns sagen, was und wer wir sind. Und wenn es dumm läuft, schneiden wir dabei schlecht ab. Lassen wir uns also keinesfalls von ihnen beeinflussen, denn wir sind weit mehr als nur Körper und Verstand und wir sind viel mehr, als je ein anderer Mensch erkennen kann. Denn wir sind geboren als ein hohes, beseeltes Wesen, das all sein „Eigenes" ins Leben mitbringt, alles, das es ausmacht, alles, das es immer schon ist. Wir sind Körper, Psyche, Geist und Seele. Und Letztere ist der Träger des göttlichen Funkens, durch den eine ständige Beziehung zu den höheren Ebenen hergestellt ist. Aus Sicht dieser höheren Ebenen sind die unterschiedlichsten Situationen in unserem Leben notwendig, inklusive aller Schwierigkeiten, Probleme oder Unannehmlichkeiten. Sehen wir diese also nicht als etwas an, das uns schaden will, sondern als etwas, das uns Gelegenheit bietet, Hintergründe zu erkennen. Jede Situation, die nicht wunschgemäß abläuft oder die uns missfällt, jeder Mensch, der uns auf die Füße tritt oder Themen, die sich wie ein roter Faden durchs Leben ziehen, das alles will uns etwas aufzeigen. Wir dürfen dies also als „Weisheit unseres Lebens" betrachten und überlegen, wo wir falsch lagen in unseren Interpretationen. Nehmen wir zum Beispiel die erfolglose Jobsuche, die bei genauem Hinschauen bedeuten kann, endlich das Talent auszuleben, die Ideen und Visionen in Angriff zu nehmen, die schon so lange und so deutlich darauf warten, verwirklicht zu werden. Oder denken wir an diese negativen Emotionen, die plötzlich da sind und uns immer und immer wieder einholen, wenn uns das Verhalten der Mitmenschen vor den Kopf stößt. Kann dies bei genauem Hinsehen bedeuten, dass wir sie endlich einmal genauer ansehen und hinterfragen sollten, weil wir erkennen sollen, wie sehr sich Gefühle und Emotionen zum Besseren verwandeln können, einfach nur dadurch, indem wir uns um neue Sichtweisen bemühen? Und noch ein Beispiel, mit dem sicherlich jeder schon einmal konfrontiert war, ist der Vorgesetzte, der es immer wieder schafft, uns aus dem Konzept zu bringen, uns zu verunsichern und zu verärgern, indem er unangemessene, negative Kommentare abgibt. Kann dies bedeuten, dass wir allmählich lernen sollten, uns zur Wehr zu setzen und für uns einzustehen? Die Situationen oder die Personen sind meist nur der Auslöser, durch sie werden praktisch die Knöpfe gedrückt, damit wir aufwachen und die Wahrheit erkennen können. Manchmal braucht es einfach den Hammer, damit wir in die Gänge kommen, um andere Gedankenwege zu beschreiten. Es bringt deshalb nichts, neidvoll auf das vermeintlich bessere oder leichtere Leben eines anderen zu schauen, das eigene Leben und Erleben mit dem eines anderen Menschen zu vergleichen oder das Leben des Mitmenschen zu bewerten.

Unserer Reise durchs irdische Leben geht also eine noch längere Reise unserer Seele voraus. Mit all dem Erlebtem, das ihr gedient hat, mit all dem Wissen und der Weisheit, das sie sich auf ihrem psychisch-geistigen Weg „erarbeitet" hat, ist sie nun heute in körperlicher Form hier auf Erden, um die Erfahrungen zu machen und das auszuleben, das sie sich für dieses Leben zur Aufgabe gemacht hat. Sie will reifen und sich weiterentwickeln, immer nach vorne, niemals zurück, denn sie hat ja ein großes Ziel ...

Auch wenn wir auf der Verstandesebene andere Ziele und Pläne verfolgen und auf unserem Lebensweg vieles ausprobieren und auskosten wollen, was ja auch richtig und wichtig ist, so ist und bleibt letztendlich das wahre Ziel der Seele die Selbstentwicklung. Das eigene Wesen durch Bewusstseinserweiterung zur Entfaltung zu bringen und es zum höchsten göttlichen Ziel hinzuführen, das einzig und allein die L I E B E ist.

Die spirituelle Welt ist anders als die gedankliche. Es ist die Welt, in der unsere Seelenangelegenheiten zu Hause sind. Es ist eine Welt, die uns zu den hohen Erkenntnissen bringt. Der spirituelle Aspekt ist der Ursprung von allem, was wir in unserem menschlichen Leben erleben. Eine spirituelle Weltsicht und Gottvertrauen ist bei allem hilfreich. Doch diese Dinge müssen reifen, und es muss von innen kommen. Auf welche Menschen wir im Laufe des Lebens treffen und was im persönlichen Lebensverlauf geschieht, hat also immer einen Grund und es hat seinen Sinn. Vieles davon versehen wir mit einem großen Fragezeichen, denn auf unserer gewohnten Verstandesebene verstehen wir nicht, was uns da gerade passiert. Das Leben zeigt sich uns ja meistens schon in all seinen Facetten. Wir erleben die positiven und schönen Seiten und kämpfen uns durch die unangenehmen und beschwerlichen Zeiten, die von Ängsten, Sorgen und Leid geprägt sein können. Wer könnte da an „Vertrauen" denken? Und doch gibt es dieses „Urvertrauen". Es ist das Vertrauen in den eigenen Lebensweg, der auf einer höheren, seelischen Ebene „geplant" ist. Im Großen und Ganzen werden wir mit den Lebensthemen konfrontiert, die nötig sind. Gerade dann, wenn uns das „Schicksal" nicht verwöhnt, ist es deshalb sehr hilfreich, auf diese innere Wegweisung zu achten und sich zu erinnern an die Seele, die wir sind. Und für diese Seele geht es immer um „Erkennen". Je schneller wir bereit sind zu „erkennen", umso seltener muss das Leben eingreifen und uns Knüppel zwischen die Beine werfen, die auf diese Aufgabe hinweisen sollen. Damit sich Türen öffnen können, braucht es den aufrichtigen Wunsch nach „Erkennen", und damit sich Erkenntnisse einstellen können, braucht es schon auch ein wenig Bemühung darum, denn ganz von selbst geschieht nichts.

Auf hoher Seelenebene existiert unser Seelenplan, doch innerhalb dieses Seelenplanes sind wir machtvoller Schöpfer unseres irdischen Lebens. Auf irdischer Ebene sind wir maßgeblich beteiligt am Verlauf unseres Lebens, und zwar kraft unseres Verstandes in Form unserer Gedanken und Denkweisen. Denn mit den Gedanken verhält es sich gleich Samenkörnern: Säen wir Unkraut an, ist uns klar, dass wir nichts anderes als Unkraut erwarten können und dass keine Rosen daraus hervorgehen werden. Übertragen auf unsere Denkweisen gilt folglich: Denken wir z. B. in den Kategorien der Negativität, des Haderns, des Zweifelns, des Kritisierens, der Unliebe, der Unaufrichtigkeit, so wird sich mit ziemlicher Sicherheit eher Konflikt und Drama im Leben einstellen. Denken wir dagegen in der Kategorie der Friedfertigkeit, des Wohlwollens, der Harmonie ... Ich glaube, Sie können diesen Satz selbst vervollständigen. Insofern haben wir es schon in der Hand, welchen Samen wir streuen und welche Blüten daraus hervorgehen werden. Warum dieses Leben in eine bestimmte Richtung läuft und was uns das Leben in Form von den individuell gemachten Erfahrungen aufzeigen will, lässt sich durchaus erkennen. Antworten, Erklärungen und Lösungen, die sich uns auf der Verstandesebene nicht erschließen, die wir aber dringend brauchen, um klarer zu sehen, werden wir in den spirituellen Bereichen finden können. Hier zeigt sich uns das größere Bild unseres Lebens. Das ist der Anteil in uns Menschen, den wir alle in uns tragen und den wir als unsere höhere „Instanz" bezeichnen dürfen. Einer „Instanz", die sich ausschließlich aus dem Göttlichen ableitet, dürfen wir vertrauen, wenn sie sich in Liebe, Weisheit und Reinheit bei uns meldet, um uns zu helfen. Und das tut sie immer und immer wieder in verschiedenster Form: Das können Gefühle sein, neue Gedanken, neue Fragestellungen, Intuitionen, intuitives Wissen, eine Sehnsucht nach dem Göttlichen. Die Frage ist: Wollen wir dies auch wahrnehmen? Wollen wir deren Botschaften lauschen? Wollen wir uns denn für die Weisheit dieser geistigen Materie überhaupt interessieren? Lassen Sie mich noch einmal unterstreichen: Würden wir uns vermehrt um diese Sichtweisen bemühen, dann würden wir leicht verstehen, wie diese Ebenen ablaufen und ihre Wirkungsweisen können sich uns dann auch zeigen. *Denken Sie nicht, all diese Themen seien reine Zeitverschwendung, denn alles, das wir für unsere Seele tun, bleibt ihr erhalten. Auch über unseren Tod hinaus.* Das und noch vieles mehr ist Spiritualität, und so fand ich einen Bezug zu Jesus Christus, der uns allen zu allen Zeiten Gottes Botschaft übermittelt und uns den Weg zu Gott ebnet.

Heute bin ich mir sicher, dass der Gottesfunke, zusammen mit meiner Sehnsucht nach „Wahrheiten", gepaart mit sehr vielen wundersamen Erlebnissen und Erfahrungen ein großes Verlangen in mir nach mehr Wissen um das Thema Gott ausgelöst hat. Für mich bedeutet Glaube sehr viel mehr als Stütze, Trost oder Anbetung. Glaube ist eben auch Spiritualität, d. h. eine Verbindung einzugehen auf geistiger Ebene mit Jesus und mit Gott. In dieser Kombination bietet sich mir die Möglichkeit einer kompletten, weil übergeordneten Betrachtungsweise. Das bringt mich dem Hintergrund der Dinge näher, lässt mich im Zwischenmenschlichen mehr Verständnis aufbringen und zeigt mir, was im Leben zählt. Fragen Sie sich jetzt trotz allem, warum Sie sich mit Gott und Spiritualität befassen sollten? Hier meine Antwort, wie sie sich mir erschlossen hat: Können Sie sich vorstellen, dass wir Menschen ausschließlich mit unserer bisschen Vernunft und unserem eingeschränkten Verstand die wesentlichen Lebensthemen erkennen und unsere Probleme lösen können? Wo sonst als im Glauben und in der Spiritualität sollten wir unsere drängenden Lebensfragen beantwortet bekommen, wie etwa die nach dem Sinn des Lebens oder nach der Quelle seelischer Kraft? Nach dem richtigen Weg, dem Sinn von Leid und was nach dem Tode folgt? Ich fühle mich getragen, erfüllt und ausgestattet mit Vertrauen und Akzeptanz, was meinen persönlichen Lebensweg und mein Schicksal anbelangt. Ich empfinde eine tiefe Achtung für das, was sich uns durch die göttliche Wirkungsweise offenbart, das mit rein biologischen Abläufen nicht immer erklärbar ist. Vieles ist rational nicht fassbar, ist nicht immer formulierbar und kann nicht ausgedrückt werden, es kann jedoch individuell innerlich erlebt, gefühlt, gespürt werden. Ich sehe unsere Erde an als „Mutter Erde", die uns mit allem versorgt, das wir brauchen. Ich empfinde uns Menschen als Kinder Gottes und sehe in Gott einen Vater im Geiste. Jesus Christus als Sohn Gottes, an der Seite Gottes, vollkommen vom Geist Gottes durchdrungen, ist für mich zweierlei: Er ist Vermittler des Glaubens und reiner Kanal, der uns durch sein Leben und Wirken die göttliche Präsenz, diese allumfassende Liebe und Allmacht und den zu gehenden Weg aufzeigt. Und er ist Gegenstand des Glaubens. Jesus war ein hochspiritueller Mensch, die Liebe spielt in seiner Lehre eine zentrale Rolle, sie ist etwas Göttliches, deshalb steht sie auch im Leben von uns Menschen an erster Stelle, wenn auch meist unbewusst. „Nicht vom Brot allein soll der Mensch leben", waren einst seine Worte. Wir blühen auf wie eine Rose, wenn wir Liebe zu uns selbst empfinden können, wenn wir uns vom anderen geliebt fühlen und wenn unsere Liebe vom anderen gebraucht und angenommen wird. Die Liebe Gottes allerdings geht über die Liebe von Mensch zu Mensch hinaus, sie ist von ganz anderer Dimension. Wer sich in ihr aufgehoben und geborgen weiß, kann die menschliche Liebe zwar sehr schätzen, wird jedoch nicht so schnell verzagen, wenn sie (zeitweise) ausbleiben sollte oder wenn sie sich so ganz anders darstellt als gewünscht.

In der heutigen Zeit befinden sich äußerst viele Menschen in psychologischer Behandlung. Die Psychologie beschäftigt sich mit den weltlichen, also den mentalen und emotionalen Prozessen und Schwierigkeiten einer Person, in der Spiritualität leiten sich übergeordnete Sichtweisen ab. Wenn nun in der Psychotherapie eine Tür geöffnet wird, die die weltlich/psychischen Probleme eines Menschen mit den spirituellen Sichtweisen verbindet, also mit den tieferen Schichten des Menschen, so erfährt er oft größte Erleichterung. Man spricht in der Psychologie genauso wie in der Spiritualität davon, dass der Mensch vom Kern her erkranken kann, wo eine innere Bindung an Göttliches verlorengegangen ist. Er wird wurzellos, heimatlos, innerlich leer. Ich habe mir erklären lassen, dass der heutige moderne Mensch geprägt ist von Gefühlen der Angst und der Ungeborgenheit.

In diesem Zusammenhang habe ich ein Zitat herausgesucht von Bruno Gröning, einem großen Heiler des letzten Jahrhunderts. Es lautet: „Der Mensch ist ein Kind Gottes, gut und rein! Über die Jahrhunderte hat er sich mit vielen irrigen Glaubenssätzen belegen und aus dem Urvertrauen bringen lassen. Allein kann der Mensch dagegen nicht ankommen. Es ist die Rückverbindung mit dem Göttlichen, das heilt."

Ich selbst bin ja oft genug mein eigener Lehrmeister und kann deshalb aus eigener, gelebter Erfahrung Folgendes sagen: Je mehr sich mir die göttlichen, die spirituellen Zusammenhänge erschlossen haben, desto besser ging es mir psychisch und auch physisch. Stress fiel ab, Anspannung ließ nach, ich wurde ausgeglichener – auch im Umgang mit anderen Menschen – alles wurde sinnhafter und klarer. Körperliche Verspannungen und die ständig wiederkehrenden inneren Unruhezustände vergingen. Für mich steht fest: Mit (Gott-)Vertrauen als Basis können wahre Wunder geschehen. Ich habe ja keinerlei medizinische und auch keine sonstigen heilerischen Ausbildungen, bin weder Psychologin noch Pädagogin, auch nicht Philosophin oder dergleichen. Doch kann ich dennoch die tiefe Heilkraft der Liebe und die aller anderen „Werte" erkennen, wie z. B. die der Achtsamkeit, der Dankbarkeit oder des Verzeihens, denn diese wirken auf Seelenebene. Ist denn nicht eine gesunde Seele die Voraussetzung für einen gesunden Körper? Ich habe mich diesbezüglich darin geübt und ich weiß heute, wie tiefgreifend das alles wirken kann, wenn es sich im Herzen verankert hat.

Die meisten aller Menschen sind anständige Menschen, die das Gute wollen. Doch Anständigkeit allein genügt nicht, sie macht die Seele nicht satt. Der Mensch braucht geistige Schätze als Nahrung für die Seele, Schätze, die durchs Leben tragen und den Sinn erkennen lassen. Die rein irdischen Ziele und Ideale können das dauerhaft nicht bieten. Diese geistigen Schätze, diese Gottverbundenheit ist wie ein inneres Licht, das immer brennt und uns erhellt. Gerade in dunkleren Zeiten. Gott zu finden, beginnt mit dem Wunsch nach Gott. Glauben Sie fest daran, dass der, der zu finden wünscht, auch finden wird, und zwar im Rahmen dessen, was er verstehen wird. „Suchet, so werdet ihr finden", „Fragt, und ihr bekommt Antworten", waren Jesus' Worte. Und noch etwas: In der lauten Welt dort draußen mit all ihren Aufdringlichkeiten und Verwirrungen werden wir nicht finden können. Schließen Sie deshalb öfter einmal bewusst die Augen und gönnen sich Stille, Einkehr und Besinnung. Schauen Sie auch öfter in den Himmel statt auf den Asphalt, und vor allem: Schauen Sie so oft es geht in Ihr Herz.

Was wäre, wenn die Menschheit nicht bewusst oder unbewusst ein „Höheres" über sich anerkennen würde? Dann wäre wohl der Mensch sich selbst das Höchste! Doch im Großen und Ganzen beugen wir Menschen uns unbewusst schon vor den großen Werten unserer Welt, vielleicht weil wir ahnen, dass es dieses große Licht, das Unendliche, das Höchste gibt, das uns geistige Gesetze vorgibt. Und wir dürfen fest daran glauben, dass ein wenig Bemühung um deren Umsetzung das Sinnvollste und Beste ist, das wir in unserem Leben tun können. *Lasst uns deshalb niemals den göttlichen Funken vergessen, der in jedem Menschen existiert. Lasst uns gut auf diesen Funken aufpassen, dass er nicht erlischt, damit sich nichts einschleichen kann, das dem göttlichen Verständnis widerspricht.*

Wir alle gehen unseren individuellen Weg, und solange er uns glücklich macht, werden wir uns wahrscheinlich nicht veranlasst sehen, ihn zu verlassen. Das ist gut so, alles ist sinnvoll, genauso wie es zu diesem Zeitpunkt ist. Irgendwann wird aber jeder einmal durch so manches Ereignis, so manche Situation oder durch so manche Erkenntnis dazu angestupst, sich innerlich neu auszurichten. Vielleicht stellen wir auch einfach nur fest, dass uns rein materielles Gutgehen alleine nicht mehr genügt. Vielleicht beschäftigen uns plötzlich die großen Fragen unseres „Daseins" und wenn das dann auch noch unterlegt ist von einer unstillbaren, unerklärbaren Sehnsucht, dann sollte es einen Versuch wert sein, sich im Glauben und in der Spiritualität eine erkenntnis- und sinnbringende geistige Ausrichtung zu verschaffen. Oftmals war es ja nur Zeitmangel, Gedankenlosigkeit, die Jagd nach Erfolg und Geld oder auch die Bequemlichkeit, die uns bislang daran hinderten, in die Tiefe zu gehen und sich gerade über die wichtigsten Fragen des Lebens Gedanken zu machen. Manchmal fehlte es auch nur an Vorstellungskraft, dass es außer unserer sichtbaren Welt auch eine geistige Welt gibt, aus der wir kommen und in die wir zurückkehren, eine Welt, die uns zu Lebzeiten leiten, führen und uns helfen möchte, wenn wir es nur zuließen.

Das Lebenselixier „Glück"

Der Aspekt, welcher in meinem seelisch-geistigen Fundament das Schlusswort bildet, bildet auch den Schluss aller Aktionen im Leben der Menschen: Es ist die äußerst hoffnungsvolle Erwartung auf Glück/Glücklichsein. Glücklichsein kann Lebenssinn sein. Bei mir war es allerdings andersherum: Ich fand zu meinem Glück, als sich mir der Sinn des Lebens erschloss. Ich erkannte irgendwann, dass es fragwürdig ist, das Glück nur an Äußerlichkeiten festzumachen. Diese obliegen meist dem Gewohnheitsprinzip und sie können schnelllebig und vergänglich sein. Wir alle suchen und brauchen dennoch Glücksgefühle im Außen. Dafür werden Erfolge, Zuneigungsbeweise und einiges mehr benötigt. Doch um dauerhaft und wahrhaftig glücklich zu sein, dürfen wir nicht nur an den äußeren Dingen „herumschrauben". Die innere Einstellung, das Wahrnehmen der Gefühle, das richtige Handeln, das Sich-selbst-treu-Bleiben, spielen eine Rolle. Sehr wichtig empfinde ich die Kenntnis darüber, dass es besonders von der Qualität der Gedanken abhängt, ob wir uns glücklich oder unglücklich fühlen. Wir können in einer Hütte leben und glücklich sein, können aber auch in einem Palast unglücklich sein. Die frohe Botschaft diesbezüglich lautet: Wir selbst entscheiden über unsere Gedanken, *wir* haben Macht über die eigenen Gedanken, nicht die Gedanken über uns. Wie wir uns fühlen, ist also nicht unbedingt eine Sache der äußeren Umstände, es ist in erster Linie eine Sache der Geisteshaltung. Wer sein Glück zu sehr von den materiellen Dingen abhängig macht, für den lohnt es sich, öfter an das zu denken, das er schon hat, und weniger an das, von dem er glaubt, das ihm noch fehlt, um glücklich zu sein. Auch die Talente wollen gewürdigt werden. Das Glück sehr vieler Menschen beruht darauf, dass sie sich die Freiheit nehmen, das zu tun, das ihrer Neigung und Leidenschaft entspricht.

Alles in allem möchte ich Ihnen anbieten, Ihre eigenen, persönlichen Vorstellungen vom Glück zu verbinden mit meinen Ausführungen aus dem „geistig-seelischen Fundament". Vielleicht führt ja die Gemeinschaft dieser Komponenten zu einem Zustand, der sich Zufriedenheit nennt. Lernen wir Zufriedenheit! Zufrieden zu sein bedeutet ja nicht zwangsläufig die Reduzierung aller Aktivitäten und die Hände in den Schoß zu legen. Es soll die Gesamtheit dessen bedeuten, das unser inneres und äußeres Leben ausmacht. Und das kann eine große Zufriedenheit hervorbringen und somit sehr, sehr glücklich machen. Nutzen Sie jede Möglichkeit zum Glücklichsein. Genießen Sie bewusst jeden Moment, in dem Sie glücklich sind und schieben nichts in die Zukunft, im Sinne von: „Ich bin dann glücklich, wenn ...", denn Glücklichsein soll der Weg sein, nicht das Ziel.

Freuen Sie sich so oft wie möglich, denn Freude macht glücklich. Meine eigenen täglichen kleinen Momente des Glücks liegen in erster Linie natürlich darin, dass ich mich innerlich wohl fühle, was aber auch miteinschließt, dass ich meine Angelegenheiten im Außen entsprechend gestalte: Ich versuche z. B. alles, was ansteht – vorrangig das Unangenehme – zügig anzugehen und möglichst nichts auf die lange Bank zu schieben. Für mich bedeuten erledigte Angelegenheiten Erfolg, Zufriedenheit und ein großes Glücksgefühl. Ich lege Wert auf ein schönes Zuhause und gestalte es meinem Geschmack entsprechend, sodass mich der Anblick jeden Tag aufs Neue erfreut und beglückt. Ich fühle mich glücklich, wenn ich etwas für meine körperliche Gesundheit tue und Achtsamkeit dem eigenen Körper gegenüber empfinde. Ihn zu hegen und zu pflegen ist wichtig, damit die Seele mit ihm zufrieden sein kann und sich glücklich schätzt, darin zu wohnen. Spontanität, Lust auf Veränderung, Dinge anders zu tun als bisher, ab und zu über den eigenen Schatten zu springen, all das befeuert mein Glücksgefühl. Das Beisammensein mit Menschen, die mich mögen und die mir das auch zeigen, trägt genauso zu meinem Glück bei wie mein Beitrag, den ich leisten kann, damit ein anderer glücklich ist. Dies sind nur ein paar Beispiele all der Möglichkeiten, die täglich geboten werden, um glücklich zu sein. Ziehen Sie mitunter auch in Betracht, dass die „einfache" Lebensführung sehr glücklich machen kann. Unsere Lebensaufgabe besteht nämlich nicht allein im Konsumieren und wir müssen uns nicht jeder neuen technischen Errungenschaft begeistert unterwerfen, um zufrieden und glücklich zu sein.

Kennen Sie noch die Sprüche aus Ihrer Kindheit und Jugend, die sich so oder ähnlich angehört haben: „Das Glück fällt nicht vom Himmel und dir vor die Füße! Pass auf, Glück ist flüchtig wie ein Windhauch! Dein Glück bringt dir nicht der Briefträger vorbei!" Irgendwie hatten wir doch den Eindruck, dass wir für das Glücklichsein hart arbeiten und kämpfen müssen. Diese Sichtweise übertrug sich wie selbstverständlich von einer auf die nächste Generation. „Jeder ist seines Glückes Schmied" heißt es aber auch. Also programmieren wir uns selbst um, von Unglück auf Glück. Gewöhnen wir uns eine Grundeinstellung an, in der wir zunächst das Schöne, Gute und den Sinn in allem sehen, auch wenn es nicht exakt der eigenen Vorstellung entspricht. Diese Sichtweise kostet nichts und wir brauchen nur den entsprechenden Willen dazu. Freude zu empfinden und das Glück des Augenblicks zu erkennen, das bringt uns auf den richtigen Weg. Wir wissen alle, was ein vom Grundsatz her unglücklicher Mensch anrichten kann, und wir wissen, was ein glücklicher Mensch bewirken kann. Es lohnt sich deshalb mehr als wir ahnen, anderen Vorbild zu werden und sie mitzunehmen. Glückliche Menschen sind die besten Partner und Freunde und sie sind die besten Eltern. Sie sind die besten Vorgesetzten, Mitarbeiter, Kollegen, sie sind die besten …!

Liebe Leserin, lieber Leser, schön, dass Sie sich durch all die Seiten meines seelisch-geistigen Fundamentes hindurch gelesen haben, und ich möchte es nun beenden mit einem Fazit meinerseits: „Glücklichsein trägt zu innerem Frieden bei. Der Frieden im Außen beginnt damit, dass wir mit uns selbst im Frieden sind." Wer so weit gekommen ist, wird diesen Frieden an die eigenen Kinder und alle Familienmitglieder weitergeben und hinaustragen zu all den anderen, die dafür empfänglich sein wollen. Jeden Tag sehen und hören wir von Elend und Leid, das Mensch und Tier ertragen muss und von Grausamkeiten, zu denen Menschen fähig sind. Wir prangern es an und fragen nach den Ursachen. Denken Sie nun bitte an die Lebenselixiere, die ich beschrieben habe: Freude, Liebe, Werte, Glaube, Spiritualität, Glück. Diejenigen, die davon jedoch nichts im Herzen tragen und Menschen, deren Seele oft weint, denen sind auch die Tränen des anderen egal. Ihre inneren Qualen können mitunter so groß geworden sein, dass sie nur einen kleinen Schritt davon entfernt sind, einen anderen in Form von psychischen oder physischen Qualen miteinzubeziehen.

Wenn es uns eines Tages keine Überlegung und keine Anstrengung mehr kostet, unser persönliches seelisch-geistiges Fundament zu leben, dann, so glaube ich, haben wir es verinnerlicht und sind ein Segen für die Welt. Und das ist kein zu großes Wort, denn jeder Einzelne trägt durch seine Gedankenwelt und durch sein Verhalten dazu bei. Ich wünsche mir deshalb, dass wir unsere menschlichen Qualitäten wieder aufflammen lassen, uns der Milde, Güte und der Empathie besinnen und ein Bedürfnis nach Harmonie in der Welt entwickeln. Auch wenn diese Thematik nicht greifbar erscheint, können wir trotzdem versuchen uns selbst, allen anderen Menschen, den Tieren und der Natur gegenüber bewusster zu begegnen und einfühlsamer zu werden. Ich glaube, das wäre ein guter Anfang. Somit hoffe ich, dass ich die Dinge nachvollziehbar beschrieben habe, Sie sich damit identifizieren können und bereichert fühlen. Vielleicht haben Sie hierdurch aber auch eine Art „Initialzündung" erfahren. Wenn nicht, behalten Sie es einfach im Hinterkopf gespeichert, vielleicht wird es ein wenig in Ihnen arbeiten und irgendwann – zur rechten Zeit – zur Verfügung stehen. Denn ich weiß sehr wohl, dass meist erst gewisse Voraussetzungen gegeben sein müssen, die das Bedürfnis nach neuen Sichtweisen und neuen Erkenntnissen weckt. Alles kommt zu seiner Zeit.

Irgendwann bemerkte ich, dass ich mich mit diesem inneren Fundament sehr gut fühlte. So war es nur logisch, dass mich die bisher erlangten Erkenntnisse auf den nächsten Pfad führten. Und bald war klar, wohin die Reise gehen sollte: Es war die Reise zu mir selbst. Ich habe deshalb auch in diesem Buch diese Reihenfolge gewählt, und das „geistig-seelische Fundament" vor das Thema „Selbstfindung" gesetzt, ist es doch sehr hilfreich, zuerst Einblick in die geistig-seelischen Zusammenhänge zu erhalten. Die persönlichen inneren Zustände und Befindlichkeiten lassen sich dann besser erfassen und erklären.

Ich möchte mich nun mit Ihnen auf den interessanten Weg der Selbstfindung/-entdeckung begeben

Mensch zu sein ist an sich schon eine große Herausforderung und kann sich mitunter zu einer schwierigen und komplizieren Angelegenheit entwickelt haben. Viele Menschen fühlen sich irgendwann in ihrem Leben an einem Punkt angekommen, an dem sie sich durch die bisher gewohnte gedankliche Richtung blockiert fühlen und sie spüren, dass dem ein oder anderen bislang erfolgreich verdrängten „Lebensthema" Aufmerksamkeit geschenkt werden sollte. Meist beginnen solche Überlegungen im mittleren Lebensalter und können mit Grübeleien und psychischen Talfahrten verbunden sein. Wie immer auch Ihre persönlichen Lebensverhältnisse aussehen und was immer Sie sich vom Leben noch erwarten, beginnen Sie diese „neue Lebensphase" damit, sich auf sich selbst einzulassen. Vielleicht fühlt es sich an wie ein Suchen, ein Verlangen. Könnte es sein, dass Sie sich auf unbewusster Ebene nach „sich selbst" sehnen? Könnte es sein, dass Sie sich nun endlich all Ihrer übermäßig großen Anforderungen bewusstwerden wollen und dass sich nach Jahren/Jahrzehnten des Fremdgesteuertseins, des Sich-Anpassens, Unterordnens, des Müssens und des Sollens nun Ihr persönliches „Selbst" meldet, das gesehen und entdeckt werden möchte, und zwar von niemand anderem als Ihnen selbst? Entdecken Sie sich selbst! Finden Sie Zugang zur eigenen wahren Persönlichkeit, so wie diese wirklich ist, jenseits von all dem, das Ihnen im Laufe des Lebens durch andere Menschen vorgegeben, vermittelt, eingeredet und aufgezwungen wurde! Was gibt es Wichtigeres, als sich in seiner Gesamtheit zu erkennen, um sich zu verstehen? Wer sich in bewusster und aufrichtiger Weise auf Entdeckungsreise zu sich selbst begibt, wird erkennen können, was in ihm vorgeht und warum er geworden ist, wie er heute ist. So manches eigene rätselhafte oder auffällige Verhalten wird dadurch verständlicher. Wer dann auch noch seine spirituellen Anteile miteinfließen lässt, wird sich vielleicht am Ende der Reise wie neu geboren fühlen, da er durch Erkennen der Zusammenhänge und durch die befreiende und heilsame Wirkung der Persönlichkeitsfindung erfahren hat, wer er wirklich ist.

Ich nehme Sie nun mit zu einem „Grundkurs" in Sachen Selbstfindung, so wie ich sie begonnen habe mit vielen der Informationen und Erkenntnisse, die sich für mich als stimmig und hilfreich herausgestellt haben. Mir war es wichtig, dafür eine kleine Auszeit zu nehmen. Und so fuhr ich, beladen mit dem wichtigsten Buch- und Notizmaterial, in die Abgeschiedenheit der Natur, mietete mich in einer netten Pension ein und war somit weit weg von allen äußeren Störungen. Nur ich mit mir selbst, ganz allein und in Ruhe, in angenehmer Atmosphäre und mit viel Natur für ausgedehnte Spaziergänge. Für mich war diese Art von Rückzug ideal, für andere ist es ein Jakobsweg oder manche finden sogar zu Hause den nötigen Abstand zum Alltag. Wofür man sich auch entscheidet, wichtig ist zweierlei: Einen Gang herunterzuschalten und sich des äußeren Drucks zu entledigen, denn dieser schaltet Gefühle ab. Und dann brauchen wir Ruhe und Alleinsein, damit wir wirklich auf uns selbst zurückgeworfen werden. *Wem es vielleicht unnötig erscheinen mag, sich mit der eigenen Person auseinanderzusetzen, der kann bei genauerem Hinsehen allerdings erkennen, dass „Sich-selbst-Finden" mit außergewöhnlichen, neuen Erkenntnissen und mit innerer Erleichterung einhergehen kann. Ich weiß, dass viele Menschen den Weg der Selbstfindung/-entdeckung als wichtigste Aktion in ihrem Leben empfanden, denn sie kamen dadurch endlich in Berührung mit sich selbst und fühlten allmählich ein „Ankommen" bei sich selbst. Sie haben erkannt, dass es im Laufe der Jahre auf eine Weise zur Entfremdung von sich selbst kommen kann, wenn sich nicht um Selbst-Verstehen und um Selbst-Hilfe bemüht wird.*

Selbstfindung beginnt mit dem bewussten Wunsch nach sich selbst und steht für eine ehrliche Selbstbetrachtung. Es bedeutet, sich seiner Gefühle bewusst zu werden, um das wiederzuentdecken, das seit jeher an ursprünglicher Substanz, an „Eigenem", vorhanden ist, von dem aber vieles abhandengekommen sein kann, als einst die Vorstellungen anderer Menschen darübergestülpt wurden. Es bedeutet, sich seiner Gaben und Talente, seiner Wünsche und Träume zu besinnen. Selbstfindung bedeutet, sich die eigenen Denk- und Handlungsweisen vor Augen zu führen und ehrlichen Herzens persönliche Unzulänglichkeiten und persönliche Vorzüge zu erkennen. Dafür ist es fürs Erste schon hilfreich, sich an das eigene Werteempfinden zu erinnern und dieses gründlich zu durchdenken. Für mich ist für eine gelingende Selbstfindung jedoch auch von großer Bedeutung, sich um die persönlichen tieferen Schichten zu kümmern, in denen sich unbewusste oder verdrängte seelische Verletzungen befinden können, die daran hindern, sich selbst als den wahrzunehmen, der man ist. Sich-selbst-Finden soll jedoch nichts zu tun haben mit „Selbstoptimierung", es soll auch nicht bedeuten, die eigene Identität infrage zu stellen, und es geht auch nicht darum, sich oder andere wegen vergangener Fehler zu verurteilen oder zu beschuldigen.

Das Leben eines jeden Menschen ist einzigartig und es gleicht keine Lebensgeschichte der anderen. Jeder ist aus einem anderen „Holz geschnitzt", fühlt und denkt anders, ist von seinen ersten Lebensjahren anders geprägt und hat seine Kindheit sowie alles Erlebte ganz individuell empfunden, wahrgenommen und verarbeitet. Eines jedoch ist uns allen gemein: Es gab in unseren jungen Jahren immer ein „Zuviel" von dem, das dem tiefsten Inneren, dem seelischen Bereich, geschadet hat und es gab immer ein Zuwenig von dem, das unsere Seele dringend gebraucht hätte. Deshalb beginnt der Prozess der „Selbstfindung" immer damit, einen Blick auf die Vergangenheit zu werfen und sich der Jahre der Kindheit rückzubesinnen. Die Zeiten der kleinsten Kindertage und sogar die vorgeburtliche Phase sind entscheidend und prägend. Sie sind daher *mit*verantwortlich, wie das spätere Leben einmal gelingen wird.

Wer sich selbst also näher kennenlernen möchte und einen Weg dafür sucht, wird zunächst prüfen, von welcher Qualität seine Vergangenheit ist. Denkt er gerne zurück an eine schöne Kindheit oder ist sie mit unangenehmen Erinnerungen gepflastert?

Gerade die Menschen, die als Kind in Gleichgültigkeit oder einer angespannten Atmosphäre aufwuchsen und Kinder, die mit vielen von außen auferlegten Problematiken fertigwerden mussten, die Ungeduld, Streitsucht, Vorwürfen oder Aggressionen ausgesetzt waren, finden als Erwachsener oft nur schwer zu innerem Frieden. Hinzu kommen negative Glaubenssätze und -muster, die wir alle unbewusst in uns tragen. Weitere Anhaltspunkte, die für die inneren Unstimmigkeiten verantwortlich sein könnten, lassen sich eine Etage tiefer finden, denn in jedem Menschen existiert der seelisch/geistige Anteil mit Themen, die die Seele gespeichert hat. Auch solche Themen wollen Aufmerksamkeit erhalten, um sich auflösen zu können. Die „Reise zu sich selbst" kann insofern ein abgestecktes, begrenztes Feld bleiben für den, dem sich durch die Betrachtung und Bewusstwerdung seiner Kindheitserfahrungen und durch Erkennen der Zusammenhänge eine völlig neue Sicht auf sein Leben erschließt. Es kann aber auch ein erweitertes Feld werden für den, der wünscht, sich intensiver mit seinen ungelösten Themen zu beschäftigen.

Denken Sie daran: Sie selbst sind die wichtigste Person in Ihrem Leben! Und nur Sie selbst entscheiden, ob und wie viel Engagement Sie sich diesbezüglich wert sind. Es muss nicht unbedingt eine therapeutische Angelegenheit daraus gemacht werden. So manche der Fehler und Versäumnisse, die beigetragen haben, dass wir uns nicht so richtig im Einklang mit uns selbst fühlen, können auch mit wenig Aufwand wieder ins Lot gebracht werden. So war es beispielsweise bei Dominik, der mir erzählte, wie lange er in seinem Leben damit haderte, als ungewünschtes Kind geboren worden zu sein und wie leicht sich alles umwandelte, als ihm der Grund bewusstwurde. Dass er ungewollt war und sich abgelehnt und ungeliebt fühlte, dafür machte er von Kindheit an ausschließlich sich selbst verantwortlich. Dieser kleine Junge war damals überzeugt, dass er nicht „in Ordnung" sei. Viele Jahre später wurde ihm dann in tiefgreifenden Gesprächen mit seinen Eltern aber erklärt, dass einzig und allein die Umstände dazu führten, dass man ihn nicht wollte.

Krankheit, Arbeitslosigkeit, Geldsorgen und dann auch noch ein Kind. Für seine Eltern kaum zu bewältigen. „Meine Therapie hat sich in dem Moment erübrigt, in dem ich erkannte, dass nicht meine Person als solche abgelehnt wurde, dass die Eltern nicht **mich** ablehnten, sondern dass die Ablehnung einzig und allein der Tatsache geschuldet war, ein Kind in dieser Zeit der Sorgen nicht großziehen zu können."

Es ist ja so: Als erwachsener Mensch, der wir heute sind, haben wir in der Regel jede Menge individuell unterschiedlichster Erfahrungen und Erlebnisse hinter uns gebracht, die auf bewusster genauso wie auf unbewusster Ebene ihre Spuren hinterlassen haben, uns prägten und oft auch sehr veränderten. In unseren Kindertagen nahm alles seinen Anfang, denn dort wurden wir zunächst mit etwas konfrontiert, das sich „Erziehung" nennt. Während dieser Zeit wurde uns so allerhand „aufgedrückt", von dem der Erwachsene glaubte, dass es so und nicht anders richtig wäre. Was das war, bestimmte allein er, und es blieb uns ja auch nichts anderes übrig, als uns zu fügen und in dieses vorgegebene „Korsett" zu zwängen. Wir haben gelernt, das zu tun und so zu sein, wie man es von uns erwartet. Erinnern wir uns zurück an die Menschen, die unsere Kinderjahre begleiteten: Welche Verhaltensweisen haben sie uns vorgelebt, was übergestülpt an Sichtweisen, Meinungen, Gedanken und Vorstellungen, das wir zwangsläufig zu unserem „Eigenen" machten? Und was alles an wirklich „Eigenem" wurde ignoriert oder abgelehnt? Inwieweit haben uns Erziehungsmaßnahmen von uns selbst entfremdet? Was wurde von uns verlangt an Anpassung und Gehorsam und in welchem Ausmaß hatten wir uns unterzuordnen? Wie oft hat man uns in Schranken verwiesen, wenn wir glücklich waren und unsere Freude und Lebendigkeit spontan und lauthals zum Ausdruck bringen wollten? Hat man uns das Recht eingeräumt, Ärger und Wut auszuleben? War man über uns beglückt oder hatten wir das Gefühl, Last zu sein? Schaute man nicht viel zu selten mit nachsichtigen und verständnisvollen Augen auf unsere kindlichen Fehler? Und was ist mit unseren Empfindungen? Wurden sie eigentlich beachtet und ernstgenommen? Wurde ehrlichen Herzens Interesse gezeigt an unserem individuellen Wesen? Ist es nicht auch als ein großes Dilemma anzusehen, dass von Kindesbeinen an das Fühlen, die Intuition, die Begeisterung, die Weichheit des Herzens, die Liebe, mehr oder weniger aberzogen oder verbannt und an diese Stelle verstandesmäßiges Denken gesetzt und antrainiert wurde? Was also wurde uns, der kleinen Kinderseele, letztendlich vorenthalten, das unsere psychisch-seelische Entwicklung, das Gefühl von Geborgenheit und die Gewissheit des Umsorgtwerdens gestärkt hätte? So wurden wir schon sehr früh geprägt und kein Beteiligter konnte damals die Auswirkung erahnen.

Der einstige Umgang mit uns hat nachhaltig etwas bewirkt und auch immer etwas ausgelöst. Vielleicht wurden wir zurückgewiesen, als wir uns nach Aufmerksamkeit und Liebe sehnten. Vielleicht konnten wir durch viel Kritik, Besserwisserei und Bevormundung kein Selbstvertrauen aufbauen, vielleicht wurde aber auch ein vorhandenes Selbstbewusstsein kontinuierlich zerstört. Vielleicht wurden wir sogar gedemütigt oder wir wurden zu oft ignoriert und fühlten uns dadurch unwichtig und wertlos. Vielleicht wurde aber auch durch so manches unbedachte und ungerechtfertigte Wort unser Vertrauen in die Menschen und ins Leben zerrüttet, denn Worte können viel bewirken: Sie können entmutigen und sie können zerstören. Sie könnten aber auch erheben, wenn sie weise gewählt werden.

Vom Erwachsenen in Feingefühl und Klugheit meist unterschätzt, erfühlt und erkennt das Kind jedoch beizeiten die Zwiespältigkeit, in die es gedrängt wird. Erst viele Jahre später und auch nur dann, wenn der mittlerweile erwachsene Mensch in sich hineinhört, wird er vielleicht erkennen, dass alter, innerer Schmerz hart, eng und kalt macht und ihn von seinem wahren Kern fernhalten kann. Unschöne Umgangsformen anderen Menschen oder den Tieren gegenüber können u. a. auch darin begründet sein, dass der Mensch schon aus dieser Zeit mit inneren Spannungen und Irritationen hervorgegangen ist. Selbstverständlich gibt es auch die Menschen, die behaupten können, dass die eigene Kindheit friedlich und entspannt war, ohne erkennbare seelische Verletzungen durch andere, und sogar voller schöner Erinnerungen ist. Und dennoch knabbern auch viele derer unbewusst an Kindheitsprägungen und tragen diese wie unsichtbares Gepäck mit sich herum. Wo kann hier der Hebel angesetzt werden? Nun, es gibt da eine Thematik, die mit „Glaubenssätzen" zu tun hat und die sich dahinter verbergen kann. Seelische Verletzungen, die sich durch negative Glaubenssätze im einstigen Kind gebildet haben und die bis heute im Unbewussten des Menschen schlummern, können selbst im reiferen Erwachsenenalter noch ihr Unwesen treiben. Glaubenssätze sind tief verankerte Überzeugungen über sich selbst, über andere oder über die Welt. Sie können wahr sein, doch sie können auch grundverkehrt sein. Sie können positiv sein, können negativ sein. Das Wissen darum, dass Glaubenssätze nicht zwangsläufig durch andere Menschen, z. B. den Eltern, entstanden sein müssen, ist für mich von großer Bedeutung. Denn sie können sich allein durch einstige kindliche Interpretationen und Gefühle hinsichtlich bestimmter Situationen oder Begebenheiten entwickelt haben. Ein Beispiel: Wenn das kleine Kind in seiner Familie merkt, dass es wenig Beachtung erfährt, kann es passieren, dass es beginnt zu glauben, es sei nicht wichtig oder nicht liebenswert für andere. Das ist der negative Glaubenssatz. Es baut sich also seine eigene Gedankengeschichte um eine Situation. Dass aber ausschließlich Zeitmangel und nicht ein Mangel an Liebe für das Kind der Grund ist, kann es nicht wissen. So konnten sich Glaubenssätze zu einer unanfechtbaren inneren Wahrheit in ihm aufbauen. Glaubenssätze von einst haben wir alle verinnerlicht. Glücklich der, der mehr der positiven in sich trägt, denn in ihm hat sich ein Bild von sich selbst verankert wie z. B.: Ich bin willkommen in dieser Welt, bin wertvoll und liebenswert. Ich darf Fehler machen, meine eigene Meinung haben und ich darf Gefühle zeigen. Ich habe ein Recht auf Glück und Freude, usw. Dem Leben wird er daher immer eher positiv als negativ gegenüberstehen. Wir wollen uns hier aber um die negativen Glaubenssätze kümmern, denn durch sie haben wir irgendwann begonnen, uns selbst negativ zu bewerten und uns zu verurteilen. Wir haben Makel an uns gesehen, die keine sind, haben uns bewusst oder unbewusst für klein, unwichtig, unfähig, uninteressant, dumm etc. befunden. Kein anderer geht so kritisch mit uns um wie wir selbst. Viele finden sich alles andere als begehrenswert, manche haben sich abgekanzelt als faul, nur weil vielleicht ein vermehrtes Bedürfnis nach Ruhe und Entspannung vorhanden war. So haben wir uns selbst erniedrigt und uns in gewisser Weise die Ehre genommen. Das sind Flecken auf unserer Seele, entstanden durch falsches Gedankengut, das ich bereits auch zu Beginn des Buches angesprochen habe, welches entweder durch andere Menschen oder eben durch uns selbst ausgelöst wurde. Wenn wir uns diese Flecken ansehen wollen, ist das ein richtiger Schritt in Richtung innere Heilung. Ein Leben ohne schmerzhafte Erfahrungen und seelische Verwundungen wird es nicht geben. Alles, was uns innerlich nahe geht, kann allerdings wachrütteln aus den ewig gleichen Gedanken und Empfindungen und kann so dem persönlichen Reifungsprozess dienen. Den bereits erwähnten Hammer brauchen wir im Leben immer wieder, um zu verstehen.

Wir sind fühlende Wesen und bei vielen von uns ist so manches geschehen, das sich ins Gedächtnis und ins Unterbewusstsein gebrannt hat. Die Erinnerung daran würde natürlich erst mal Traurigkeit und unbehagliche Gefühle auslösen, wenn wir sie denn zuließen. Unsere unbewusste Devise lautet deshalb: Gefühle nicht zulassen! Etwas, das nicht da ist, kann schließlich auch nicht wehtun, woraufhin wir dann versuchen, das „Fühlen" zu vermeiden und Gefühle zu verdrängen. Insbesondere alles, was einst Ängste auslöste, wie z. B. die Angst vor den verbalen Verletzungen, vor Ungerechtigkeiten, Überforderung, die Angst vor „Im-Stich-gelassen-Werden" oder vor Lieblosigkeiten, ist noch immer unbearbeitet in jeder Zelle unseres Körpers gespeichert. Als kleines Kind konnten wir gar nicht anders, als alles aufzunehmen und zu verinnerlichen, was wir vorgesetzt bekamen: Ungefiltert und vollsten Vertrauens.

Werden einem Kind seelische Verwundungen zu schmerzhaft, so kann es intuitiv einen für ihn passenden Mechanismus entwickeln, um sie nicht mehr spüren zu müssen. Manches wird es verdrängen, über manches stülpt es eine Geschichte, damit es für den zugefügten seelischen Schmerz eine Begründung hat, im Sinne von: „Ich bin ja selbst schuld, dass..." Hat es also einen Grund gefunden, fühlt es sich nicht mehr schutzlos. Jede Erfahrung, die gemacht wurde, jedes Wort, das wir als Kind einst vernommen haben, wurde begleitet von eigenen bewertenden Gedanken und den entsprechenden Gefühlen. Und so konnten sich letztendlich falsche Denkmuster bilden. Irgendwann manifestierte sich ein entsprechendes Bild auf die Dinge und, was noch gravierender ist, es manifestierte sich ein entsprechendes Selbstbild, also eine Meinung, eine Bewertung über die eigene Person. Bei den meisten Menschen ist dies ein eher abwertendes Selbstbild: „Ich bin nicht wichtig." (Meine Bedürfnisse und Wünsche sind für niemanden von Interesse.) „Zu was taug' ich eigentlich?" (Es wird etwas von mir erwartet, das ich nicht bieten kann.) „Ich bin nicht gut genug" (Ich muss mich ständig beweisen, um beim anderen anzukommen, muss viel bieten und leisten, oder ich kompensiere durch mein Aussehen.) „Ich muss mich hervorheben, muss viel für andere tun, damit ich der Liebe wert bin!" (Anerkennung und Liebe erhalte ich nur, wenn ich mein Verhalten entsprechend den Wünschen anderer ausrichte) ... Und dergleichen mehr.

Auf diese verstandesorientierte Sichtweise folgte nun die verstandesorientierte Reaktion in Form einer Lösungssuche, denn der Mensch muss eine Lösung finden, mit der er sich die so dringend benötigte Liebe, Anerkennung und Wertschätzung der anderen erobern kann. Es kann nun sein, dass er sich das Benehmen und Verhalten aneignet, das notwendig ist, um seine Mitmenschen für sich zu gewinnen, ganz nach dem Motto: „Wenn ich schon nicht wichtig bin, dann mache ich eben aus mir eine wichtige Person." Er weiß intuitiv, dass er deren Vorstellungen und Anforderungen dann entsprechen kann, wenn er sich einer anderen, sozusagen selbst konzipierten „Identität" bedient. Für seine ursprüngliche, wahre „Identität" hatte sich ja niemand interessiert. Wie muss ich sein, was muss ich tun, dass man mich beachtet, achtet, liebt? Dieses Thema stellt ab nun – ganz unbewusst – den Mittelpunkt seines Lebens dar. Eines Lebens, das mehr auf Schein, denn auf Sein beruht. Vielleicht wird für ihn bald nichts mehr wichtiger sein, als sich darauf zu konzentrieren, was ihm die Bewunderung der Mitmenschen einbringt. Vielleicht wird er in Gedanken ausloten, mit welchen Leistungen er überzeugen kann oder mit welchen Äußerlichkeiten er sich schmücken soll, um seine Großartigkeit unter Beweis zu stellen? Vielleicht wird er aber auch seine Mitmenschen „klein" halten, sie unterdrücken oder erniedrigen, um sich zu beweisen, um wie viel besser er selbst doch ist. Es gibt viele Strategien, die wir Menschen anwenden, nur um nicht „unterzugehen". Und es werden wahrscheinlich sehr viele Jahre vergehen, bis wir endlich einmal erkennen dürfen, dass ein jeder von uns auf seine Weise ein wertvoller Diamant ist, ungeachtet dessen, wie er sich nach außen hin präsentiert.

Man geht ja immer davon aus, dass Eltern ihrem Kind das geben, das sie geben können und dass ihnen ein „Mehr" aufgrund eigener Begrenzungen nicht möglich ist. Bedenkt man, dass heute ein Vielfaches mehr an Informationen und fachlicher Unterstützung zum Thema Kind geboten wird als zu allen Zeiten davor, kann man Verständnis aufbringen für Eltern der vergangenen Generationen, die dies alles nicht zur Verfügung hatten. Bei allem Aufarbeitungsbemühen sollten wir nicht außer Acht lassen, dass auch sie ihre Lebensgeschichte haben, geprägt waren und Ängsten, Sorgen und Nöten ausgesetzt waren, da standen oft andere Dinge im Vordergrund, als sich um des Kindes Psyche und Seele zu kümmern. Die Kinder waren eben da und sie mussten sich den Eltern und den Gegebenheiten anpassen. Abgesehen davon ist es vielen Menschen nicht möglich, etwas anderes weiterzugeben, als sie selbst erfahren haben. Das stille, innere Leiden des Kindes konnte deshalb wahrscheinlich gar nicht gesehen werden. Genau das ist der wunde Punkt vieler Menschen. Und so setzen sich all diese seelischen „Mangelerscheinungen" weiterhin fort, von Generation zu Generation. Mit einem Wirrwarr an „schädlichen" Gedanken und Gefühlen standen wir nun da, es wurde nichts geradegerückt. Wir selbst waren zu jung und zu unerfahren, wir konnten die Zusammenhänge natürlich nicht erkennen.

Unsere Gefühle sind das Ergebnis unserer Gedanken. Mit dem Einsatz des wertenden und urteilenden Verstandes werden aus Gedanken und Gefühlen unsere Emotionen. Am Ende der Kette stehen die Verhaltens- und Handlungsweisen. Zusammen werden sie zu dem, das wir sind, das uns ausmacht. Wie soll nun gutes, angemessenes Verhalten entstehen können aus unguten, unangemessenen Gedanken und Gefühlen? Wie soll ein Mensch eine gesunde Emotionalität und gute Gefühle entwickeln können aus einer Vielzahl schlechter Gedanken? Wie soll er sich glücklich fühlen können, wenn Gedanken, Gefühle und Verhalten so gar nicht zueinander passen wollen? So kann man sich vorstellen, dass äußerst viele unserer Gedanken und Gefühle nichts zu tun haben mit unserem wahren „Selbst", nichts mit dem, der wir wirklich sind. Erkennen wir dies, können wir aus diesem Kreislauf ausbrechen. Es ist zwar eine nicht unerhebliche Aufgabe, sie ist aber auch nicht schwieriger, als mit einem unzufriedenen, unglücklichen Leben zurechtkommen zu müssen.

Viele Menschen haben nicht gelernt, sich freizumachen von dem Drang zu gefallen. Sietänzeln oberflächlich, halbherzig und angepasst durchs Leben, ordnen sich unter, wollen es allen recht machen und verlassen sich mehr auf andere als auf sich selbst. Kurzum: Sie wollen ein anständiger, viele wollen sogar ein perfekter Mensch sein. Doch an diesem Anspruch wird man wahrscheinlich über kurz oder lang scheitern.Niedergeschlagenheit, Traurigkeit, Aggressivität, Wut, Missgunst, gefolgt von Gefühlen der Wert- und Nutzlosigkeit können folgen und sogar in Krankheit enden. Das könnte dann der richtige Zeitpunkt sein „aufzuwachen", um sich mit dem auseinanderzusetzen, das nach wie vor in uns „brodelt", denn nicht immer wird die Zeit die Wunden heilen.

Lassen wir wieder ins Leben einfließen, was uns irgendwann verlorenging: Die Freude, die Begeisterung, die Ruhe, Geduld, Freund-

lichkeit, Anteilnahme. Zeigen wir wieder Dankbarkeit und Achtsamkeit in Wort und Tat. Bedeutsames scheint oft unwichtig geworden zu sein, wie z. B. die Fähigkeit zu fühlen und sich einzufühlen in einen anderen, auch die Fähigkeit, zu empfinden und sich der verinnerlichten Werte rückzubesinnen. Dies und so vieles mehr tragen wir in uns, wenn es aber weder gewünscht noch vorgelebt und auch nicht gefördert wird, dürfen wir über die Folgen, die sich daraus ergeben können, nicht überrascht sein.

Mag sein, dass Selbstfindung nicht das Allheilmittel für jeden Menschen darstellt. Es stellt sich jedoch die Frage, ob ohne „Selbsterforschung" überhaupt an den wahren Ursprung der seelischen Unklarheiten, Nöte und Probleme des „Suchenden" herangekommen werden kann. Ohne sich wenigstens im Ansatz mit der eigenen Person befasst zu haben, ist die Wahrscheinlichkeit gegeben, auf einer unbefriedigend oberflächlichen, beziehungslosen, Ich-süchtigen und mitunter wütenden Ebene hängen zu bleiben. Wie sollen wir jemals eine vernünftige Beziehung zu einem anderen Menschen aufbauen können, wenn wir keinerlei Beziehung zu uns selbst haben? Wie sollen wir uns für das wahre Wesen des anderen interessieren können, wenn uns nicht einmal das eigene interessiert? Wenn wir uns selbst nicht erkennen wollen mit allem, das uns ausmacht, so wollen wir auch den anderen nicht erkennen mit alldem, das ihn ausmacht. Das schöne Gefühl von „Verbundenheit" bleibt uns versagt und wir können den anderen nur in der Funktion sehen, für die wir ihn uns ausgesucht haben oder ihn gerade brauchen. Die Tiefgründigkeit, nach der wir uns im Grunde doch alle sehnen und die für wirklich gute Beziehungen grundlegend ist, wird sich so nicht einstellen können. Möglich, dass wir uns im Kreis drehen, in seelischem Schmerz, innerem Chaos und in Egoismus verharren, möglich, dass wir in Lethargie versinken. Der unbewusste Wunsch nach „Sich-selbst-Erkennen" ist ja vorhanden und er kann uns hartnäckig verfolgen, wenn diesem Verlangen nicht nachgegeben wird oder es zu vage und seicht bleibt und somit zu keinem Ergebnis führt. Es mutet paradox an, aber je weniger sich ein Mensch darüber bewusst ist, wer er ist, was und wie er ist, wie er fühlt, denkt, handelt, wenn er niemals das eigene Verhalten auf den Prüfstand stellt, wenn er sich keine Gedanken darüber macht, ob er diesbezüglich mit sich zufrieden sein kann, umso lauter und penetranter versucht sich das eigene „Ego" Gehör zu verschaffen. Es gibt dann nichts Wichtigeres mehr als das eigene „Ich", das sich zu jeder sich nur bietenden Möglichkeit in den Vordergrund stellt. Und das macht vielleicht den feinen Unterschied aus zwischen einem gesunden „Ich" und einem ungesunden „Ego-ismus".

Überall wird empfohlen, sich selbst zu lieben. Die Liebe zur eigenen Person ist elementar, keine Frage. Die Frage, die ich mir nun stelle, ist eine andere: Wie soll ein Mensch sich selbst lieben können, wenn er sich von seinem wahren Inneren so weit entfernt hat, dass es ihm unbekannt und fremd geworden ist? Wie soll sich ein Mensch lieben können, der über die Jahre hinweg Verhaltensweisen entwickelt hat, die künstlich sind, die antrainiert und konstruiert sind, wo Rollen gespielt und Imagepflege betrieben wird? Die nächste Frage, die ich mir stelle, lautet: Wie soll es unter solchen Umständen einem anderen Menschen möglich sein, diesen Menschen zu erkennen? Und wie soll er diesen „künstlichen" Menschen dann auch noch aufrichtig lieben können? Vom Glück vertrauter Nähe entfernen sich beide somit weiter und weiter. In diesem Sammelsurium der Unklarheiten entwickelt sich in uns Menschen eher eine Neigung zu Hoffnungslosigkeit, Unglücklichsein und Negativität, denn zu Vertrauen, Frohsinn und Glück.

Die Seele allerdings weiß um uns ganz genau. Wird ihr Raum gegeben, wird im Einklang mit ihr gedacht, gefühlt und gehandelt – also nach bestem Wissen und Gewissen – so fühlt sich der Mensch sehr gut. Wird Denken, Fühlen und Handeln aber ausschließlich nach den Interpretationen des Verstandes ausgerichtet, dann besteht die Gefahr, dass gegen die eigene Seele „gearbeitet" wird. Sie können sich vorstellen, dass sich dieser Mensch weniger gut oder eher schlecht fühlen wird. Wenn wir den individuellen Ruf unserer Seele mit den Einflüsterungen unseres Verstandes in Verbindung und in Einklang bringen würden, dann – so bin ich mir sicher – hätten wir in unserem Selbstfindungs/-entdeckungsprozess ein wahres Meisterstück vollbracht.

Es kann sehr aufschlussreich sein, eine Art Bilanz über das eigene bisherige Leben zu ziehen. Vielleicht ist Ihnen dafür das in diesem Buch bisher Gelesene nützlich und hilfreich. Denken Sie bitte bei all den Gedanken um die Selbstfindung immer daran, dass Sie ein göttliches Wesen sind, das das Wichtigste, nämlich die Liebe, in sich trägt. Entdecken Sie zuerst Ihr Herz für sich selbst, für die eigene empfindsame und verletzliche Person. Auch wenn der Verstand diese Seiten vertuschen möchte, sie sind vorhanden, sind tief in unser aller Seele verborgen. Entwickeln Sie Gefühl und vor allem Mitgefühl für sich und lassen Sie Wut und Tränen, die aufsteigen wollen, unbedingt zu, denn so kann einiges in Bewegung kommen. Verdrängen Sie nicht Ihren seelischen Zustand, sondern machen Sie ihn sich bewusst und wenn möglich, sprechen Sie darüber. Geheilt werden kann nur das, was auch gefühlt und ausgedrückt wird. Was verdrängt wird, bleibt unter der Oberfläche bestehen und wir brauchen dann ständig irgendwelche Aktivitäten und Manöver, die von diesen Gefühlen ablenken, oder im schlimmeren Fall geschieht es, wie William Shakespeare einst befand: „Der Kummer, der nicht spricht, raunt leise zu dem Herzen, bis es bricht." Vergessen Sie eine Zeit lang bitte einmal alles, was Sie derzeit nach außen hin darstellen und vergessen Sie die Rolle, in der Sie sich gern sehen. Blenden Sie in den Momenten des In-sich-Gehens die Gedanken aus, die Sie üblicherweise denken und vergessen Sie ein eventuell vorhandenes latentes Bedürfnis nach „Wichtigsein" und „Großartigkeit". Die Menschen, die sich eher in der gegenteiligen Situation befinden und das latente Bedürfnis in sich tragen, sich für „klein" und „unwichtig" zu halten oder sich in einer „Opferrolle" eingerichtet haben, dürfen auch das für die Phasen des In-sich-Gehens vergessen. Trauen Sie sich einfach, sich selbst anzusehen und wahrzunehmen, was Sie fühlen und trauen Sie sich, darüber nachzudenken.

Fühlen Sie sich immer noch in irgendeiner Weise abhängig oder fühlen Sie sich noch immer beeinflusst? Heute sind Sie ein erwachsener, freier, eigenständiger Mensch, der sich erlauben darf, das abzustreifen, das nicht seiner Persönlichkeit entspricht, denn Sie haben mit Ihrer Geburt genug „Eigenes" mitbekommen. Und auf das kommt es an, denn das sind „*Sie*", das Sie im Kern ausmacht und das Ihnen niemand nehmen kann. Wenn Sie sich auf Ihrem Weg der Selbstfindung allmählich von Denk- und Verhaltensweisen verabschieden, die Ihnen vorgegeben wurden, die aber nicht zu Ihnen gehören und die bei genauem Hinsehen sogar schaden, so wird das „Echte" nachkommen können. Wenn Sie Schwierigkeiten haben, Zugang zu Ihrem „Echten" zu finden, können Sie dem auch über folgende Fragen näherkommen: „Was fühle ich tief innen in mir, wenn ich alle äußeren Eindrücke, Einflüsse und Manipulationen ausblende?" – „Wie würde ich sein, wenn ich mir gestatten würde zu sein, wie ich bin?" – „Zu welchem Menschen möchte ich mich denn überhaupt entwickeln?" Die Antwort liegt schon im Herzen brach, sie ist im Inneren verborgen. Und oft es ist einfacher, als man glaubt, darauf zurückzugreifen.

Vielleicht fehlt ja auch nur ein bisschen Mut zu der Art von Freiheit und Selbstverantwortlichkeit, sich in die Richtung zu orientieren, die dem eigenen Naturell und der eigenen Vorstellung entspricht. Selbst dann, wenn Sie die ein oder andere „unschöne Seite" in sich vorfinden sollten, egal wie Sie geartet sind, die Entscheidung nach Korrektur oder nicht, obliegt allein Ihnen. Nur eines ist wichtig zu erkennen: Ist diese Person, die ich bin, wirklich ich selbst, oder bin ich es „geworden" durch Einfluss und Manipulation anderer Menschen?

Sich selbst zu entdecken, bedeutet also in erster Linie, das Eigene, Bleibende und Ursprüngliche der eigenen Person wahrzunehmen und es von dem zu unterscheiden und abzugrenzen, das einst von Außen, von anderen Menschen introjiziert und aufgebürdet wurde. Klären Sie zudem auch, ob möglicherweise eigene Verantwortung zu tragen ist für so manch selbst kreiertes, irreführendes und beengendes Gedankengut, welches einfach dadurch entstanden ist, dass zweifelhafte oder unsinnige

Denkmuster niemals kritisch hinterfragt wurden. Spüren Sie intensiv und ehrlich ins Innere hinein, erkennen Sie eigenes Gedankengut, erkennen Sie fremdes. Erkennen Sie den Menschen, der Sie wirklich sind! Erkennen Sie den Anteil Ihres „Ich", den Sie irgendwann aufs Abstellgleis stellten, weil Sie ihn nicht sehen wollten, da Sie glaubten, er würde nicht den allgemeingültigen Normen und Anforderungen entsprechen.

Sollten Sie als Kind in einer „gestörten" Familie aufgewachsen sein, dann denken Sie bitte immer daran, dass Sie unendlich viel an „Eigenem" ins Leben mitgebracht haben, das unter Umständen die Lieblosigkeiten oder das Fehlverhalten der Eltern auffangen kann. Es ist schlichtweg nicht so, dass sich das seelische Heil eines Menschen ausschließlich darauf begründet und auf das beschränkt, was er von Eltern oder sonstigen Erwachsenen in seiner Kindheit erfahren hat. Eine unglückliche Kindheit kann vieles im Inneren zerstört haben, aber nicht alles. Eltern können für vieles verantwortlich gemacht werden, aber nicht für alles.

In unserer heutigen, teilweise chaotischen Zeit würden wir doch alle am liebsten die Welt verändern, hin zum Guten und Schönen. Damit sich die Welt verändern kann, muss sich zuerst der Mensch verändern, und das beginnt immer bei sich selbst. Frage: „Warum sollte ich mich denn ändern? Ich bin, wie ich bin, und so würde ich gerne auch bleiben!" Weiterhin so zu bleiben, wie man ist, gibt schon eine gewisse Sicherheit, es bedeutet aber auch im Umkehrschluss: Ein nie endender Kreislauf hat begonnen: Die einen rotieren im Hamsterrad, drehen sich im Kreis, die anderen tapsen auf der Stelle. Die eigene Persönlichkeit wird infolgedessen keinerlei geistig-seelische und menschliche Weiterentwicklung erleben können. Ändert sich nichts im Inneren, wird sich auch im Äußeren nichts verändern können. Die insgeheime Angst vor Veränderung ist absolut verständlich. So wie wir sind, kennen wir uns ja schließlich schon einige Jahrzehnte und die Aussicht, etwas davon aufgeben zu sollen, kann schon die Frage aufwerfen, was wohl danach kommt. Seien Sie unbesorgt. Richten Sie Ihren Fokus auf das „Echte" in Ihnen und bauen Sie es aus. Auf Dauer gesehen hat nur das „Wahrhafte" Bestand und wir können lernen, es peu à peu in uns zu integrieren. Sich zu ändern ist zu jeder Zeit möglich. Das Gewissen, das sich ja immer in irgendeiner Form meldet, zeigt uns schon an, dass Veränderung anstünde. Wenn wir durch Selbsterkennen zu der Einsicht gelangt sind, *dass* wir in uns etwas verändern wollen und uns klar darüber geworden sind, *was* wir in uns verändern wollen, dann wird sich Veränderung ganz bestimmt großartig anfühlen.

Es ist schon spannend, die eigenen Verhaltensweisen anzusehen. Die, die authentisch sind und die, die künstlich sind. Die, die sich positiv auswirken und vor allem die, die sich negativ auswirken. Für die letzteren müssen wir dringend darauf schauen, welche Emotionen sie beim Mitmenschen auslösen. Schauen Sie sich die bewusst gesteuerten und ganz besonders die unbewussten Verhaltensweisen genau an. Allgemein kann man sagen, dass der Ursprung zwischenmenschlicher Beziehungsprobleme und -dramen in den Gedanken und dem daraus resultierenden Verhalten liegt. Man muss es sehen, wie es ist: Der Mensch ist imstande, durch seine Worte und sein Verhalten einen anderen – nicht selten sogar das eigene Kind – in große seelische und psychische Schwierigkeiten zu bringen, um sich so von eigenen Defiziten abzulenken, um Macht zu demonstrieren oder um vorübergehend Entlastung und Befriedigung dadurch zu spüren, indem eigenes seelisches Unglück auf einen anderen übertragen wird. Andersherum ist es möglich, dass sich ein Mensch vollkommen wesensfremder Verhaltensweisen bedient, durch die er sich vor den seelischen Verletzungen anderer zu schützen versucht.

Beide Strategien erfüllen zwar den gewünschten Zweck, jedoch entfernt sich der Mensch mehr und mehr von sich selbst. Stellen Sie sich nun einmal vor, beide – Verursacher und Betroffener – würden eines Tages den Auslöser für ihre Verhaltensweisen erkennen. Wir könnten paradiesische Zustände in unserer

Welt haben, wenn sich all die Muster und Strukturen auflösten, die diese Verwirrungen in Gang gesetzt haben. Folglich könnten wir seelisch und psychisch regenerieren. Es liegt also im Interesse aller, sich selbst immer wieder aufs Neue zu reflektieren. Wir bekämen ein Gespür dafür, wie sich seelisch Unbearbeitetes aus der Vergangenheit auf unser Verhalten auswirken kann und dass dadurch sinnlose Konflikte entstehen können, wodurch letztendlich nicht nur der Mitmensch geschädigt wird, sondern in erster Linie wir selbst.

Natürlich ist es nicht jedermanns Sache, sich auf Selbstfindung einzulassen. Öffnen Sie sich jedoch nur ein kleines bisschen dieser Thematik, könnte es zu einem „Selbstläufer" werden. Gerade dann, wenn Sie feststellen, dass sich die Auseinandersetzung mit dem eigenen Inneren schmerzlich oder traurig gestaltet, scheint Bedarf nach Klärung zu bestehen und jede geweinte Träne kann sich als wichtig, gut und wertvoll erweisen. Vielleicht haben Sie erkannt, dass Sie umso mehr Interesse am anderen Menschen und seinen Befindlichkeiten entwickeln, je mehr Sie bei sich selbst angekommen sind. Vielleicht fühlen Sie, dass die neuen Erkenntnisse verloren geglaubte innere Kraft zurückbringen, vielleicht bekommen Sie das Vertrauen in sich selbst, in die eigene Wahrnehmung, das notwendig ist, um innerlich etwas unabhängiger von der Beurteilung und dem Verhalten der anderen zu werden. So wichtig Ihnen Ihre Mitmenschen auch sind, vielleicht lassen Sie sich dennoch nicht mehr so schnell von deren Worten, Verhalten und Machtspielen irritieren. Vielleicht haben sich auch im partnerschaftlichen Bereich die Sichtweisen etwas verändert und die Rolle des Partners besteht nicht mehr vorrangig darin, Sie zufriedenzustellen, nun ist es Ihnen ein Bedürfnis, ihm das zu geben, das er braucht an Liebe, Vertrauen, Verständnis. Vielleicht sind Sie als ein Mensch daraus hervorgegangen, dem nun klarer ist, was er will, da er weiß, wer er ist. Und vielleicht verlaufen nun auch Enttäuschungen wesentlich weniger dramatisch. Ist es Ihnen gelungen, zu einer gesunden Urteilsfähigkeit und dadurch zu echtem Selbstvertrauen und echter Selbstsicherheit zu gelangen? Spüren Sie, dass Sie sich auf Seelenebene von alten

Lasten befreien konnten? Letztendlich sind Sie möglicherweise zu einem Menschen geworden, der die Verantwortung für sein Fühlen, Denken und Handeln gerne übernimmt, da er sich seines Fühlens, Denkens und Handelns äußerst bewusst ist. Kurzum, ein Mensch, der den Weg zu sich selbst gefunden hat und dadurch auch den zu seinen Mitmenschen, denn nun ist auch das Denken, Fühlen und Verhalten der anderen nachvollziehbarer und verständlicher geworden

Das war der Beginn meines Weges zu mir selbst. Ich bin sehr froh, ihn in Angriff genommen zu haben. Ich bin froh, zurückgeschaut, „aufgearbeitet" und so manche alte Konflikte bewältigt zu haben. Ich bin froh, mich in dieser Hinsicht auch auf die „geistige Ebene" begeben zu haben, die mir Zusammenhänge auf Seelenebene aufzeigte und mich erkennen ließ, dass sowohl ich als auch jeder andere Mensch und jedes andere Lebewesen ein göttliches ist und als solches zu achten ist. Ich bin froh, den Blick nach vorne niemals aus den Augen verloren zu haben, denn nur zurückzuschauen würde ja auch immer nur „Altes" hervorbringen und mich in „Altem" gefangen halten. Meine Devise lautete: „Sowohl als auch." Es war wichtig, mich mit meiner Vergangenheit zu beschäftigen, um offene Wunden schließen und mich selbst und die Zusammenhänge erkennen zu können. Heute blicke ich ohne Groll, Schmerz und Traurigkeit auf alles, und das ist ein sehr schönes Gefühl. Die Vergangenheit gehört zu mir, ich möchte sie nicht ausblenden und nicht vergessen, denn sie brachte mir Erfahrung, durch sie konnte ich lernen.

Es wird weiterhin eine spannende Angelegenheit bleiben, mich selbst immer wieder zu reflektieren. Kein Tag vergeht, an dem es nicht eine Möglichkeit gibt, etwas Neues für die eigene Persönlichkeitsentwicklung zu tun. Auch wenn es nur ganz unscheinbare Dinge sind, die kleinen Schritte sind es, die zum großen Erfolg führen. Die Phasen meiner Selbstfindung gaben mir Einblick in mein „Innerstes" und ich wurde klarer, ehrlicher und aufrichtiger in meinen Gedanken. Ich konnte fast täglich beobachten, dass der Grund für zwischenmenschliche Probleme weniger in Situationen zu finden ist als fast ausschließlich im individuellen Denken, Fühlen und Verhalten. So ließen sich immer Möglichkeiten einer friedvollen Lösung erkennen. Das Meiste unserer Uneinigkeiten und Streitereien wäre also leicht und einfach zu vermeiden.

Hiermit enden meine Ausführungen zur Selbstfindung/-erkenntnis. Niemals enden wird allerdings der Weg zum eigenen „höheren Selbst", das der göttliche Anteil in uns ist. Wir Menschen sind einfach zu komplex, als dass wir uns jemals als „fertig" betrachten könnten. Wir können uns darin allerdings Schritt für Schritt und in angenehmer Weise nach vorne bewegen. Ich lernte etwas sehr Entscheidendes: Wenn ich mich auf Selbstfindung einlasse, wenn ich in aller Ehrlichkeit und Aufrichtigkeit erkennen möchte, wie ich *wirklich* bin, wie ich denke, fühle und empfinde, wenn ich vielleicht sogar verborgene Ecken und Winkel durchleuchten und kennenlernen möchte, dann muss mir aber auch bewusst sein, dass das Ergebnis, das in dieser Hinsicht zu Tage kommt, anerkannt und gewürdigt sein will. Vielleicht entdecke ich, dass ich stolz auf mich sein darf, vielleicht entdecke ich, dass mein „Selbst" noch ausbaufähig ist, um zu einem kraftvolleren „Selbst" zu gedeihen. Es steht mir jederzeit frei, „neu" zu denken und mich dadurch „neu" zu verhalten. In meinem Fall bedeutete dies damals u. a., dass ich mich endlich verabschieden konnte vom ewigen Hadern, nur weil mein Wesenskern so ist, wie er eben ist. Es ist kein Manko, ruhig und still zu sein. Es ist kein Fehler, nachdenklich und ernsthaft zu sein. Es ist mein Wesen, meine Art. Ich lernte aber auch, dass das Ausleben anderer und sogar gegenteiliger Aspekte für die Weiterentwicklung meines Inneren genauso bedeutsam ist. Die Grundstruktur meines tiefen Inneren wird jedoch die bleiben, die sie ist: Ich werde immer der stillere und nachdenklichere Mensch bleiben. Ich werde immer der sein, der die Dinge langsamer, durchdachter, dafür aber sicherer angeht. Der Unterschied zu damals ist, dass ich heute voll und ganz dazu stehen kann. Wir dürfen uns nicht als mangelhaft oder fehlerhaft einstufen, wenn unserem Wesenskern das fehlt, das wir an anderen so bewundern. Jede Eigenschaft ist wertvoll, nur der Verstand macht uns manchmal kleiner, schwächer und fehlerhafter, als wir sind. Umgekehrt denkt er uns aber auch manchmal größer, mächtiger und fehlerfreier, als wir sind. Ein Paradox, dessen wir uns mit wahren und aufrichtigen Gedanken bewusstwerden können.

„Wer andere kennt, ist klug. Wer sich selbst kennt, ist weise." (Laotse)

Für mich steht fest: „Zu-mir-selbst-zu-Finden" gehörte mit zur wichtigsten Aufgabe in meinem Leben und im Ergebnis wurde mir bewusst, dass meinem Inneren, der Seele, damit der Weg zu ihrer Weiterentwicklung eröffnet wurde.

Vom Sinn des Lebens, vom Tod, und was kommt danach?

Liebe Leserin, lieber Leser, während ich meine Informationen und Erkenntnisse zu diesen großen Themen notierte, wurde ich dann doch ziemlich neugierig auf die Ansichten und Meinungen meiner Mitmenschen und wollte wissen, wie sie darüber denken. Und so „interviewte" ich viele meiner Bekannten, Freunde und Arbeitskollegen. Dabei stellte ich fest, dass sich nicht jeder Mensch grundsätzlich nach diesen Thematiken verzehrt. Die meisten von ihnen hatten ihren Lebenssinn und befanden ihr Leben als sinnhaft und schön. Doch wenn all diese Menschen explizit auf ihr Leben schauten und etwas tiefer blickten, spürten sie schon, dass es da noch einen tieferen Sinn geben musste. Und sie spürten übereinstimmend, dass die Unkenntnis und Gedankenlosigkeit darüber durchaus ein Grund sein kann für nicht begründete Sorgen, für Lebensangst oder inneren Stress.

Ich weiß nicht, wie Sie persönlich zu diesen Themen stehen. Doch wenn Sie interessiert sind an meinen Erkenntnissen, dann möchte ich Sie hier mit meiner kleinen Zusammenfassung motivieren, sich anhand von Quellen, die Ihnen persönlich nachvollziehbar, stimmig und sympathisch erscheinen, näher zu informieren. Lassen Sie uns also nun über den Lebenssinn sprechen und über den Sinn des Lebens philosophieren:

Um den Lebenssinn müssen wir uns selbst bemühen und ihn uns selbst erschaffen. Der eigene, persönliche Lebenssinn schimmert meist dann am deutlichsten durch, je intensiver und hingebungsvoller wir die Dinge tun oder wie beseelt wir uns von ihnen fühlen. Der Lebenssinn ist bei jedem Menschen anders gelagert und er wird sich auch ändern können. Wichtig ist nur, dass wir uns Gedanken machen, was das eigene Leben sinnvoll gestalten und bereichern kann. Nicht wenige Menschen finden ihren Lebenssinn in einer speziellen Aufgabe, sehen ihre Bestimmung darin oder fühlen sich berufen, ihrem Talent oder der Begabung leidenschaftlich nachzugehen.

Es spielt keine Rolle, wie sich ein Lebenssinn gestaltet, sind es die ganz kleinen Dinge oder die ganz großen. Es spielt einzig und allein eine Rolle, inwieweit wir uns von ihnen erfüllen lassen.

Manche meiner Interviewpartner waren bereits im Ruhestand und hatten sich ganz bewusst nach etwas umgesehen, das ihrem Alltag neuen Sinn gab. Ich kann mich noch gut an Hilde erinnern, die sich mit ihren 68 Jahren im Tierheim nützlich machen wollte und ihre Aufgabe in der Kleintierpflege fand. Sie ging mit so manchem Hund spazieren und letztendlich nahm sie einen alten Hund bei sich zu Hause auf. Es ergaben sich Kontakte zu anderen Hundebesitzern und viele ihrer Nachbarskinder kamen regelmäßig bei ihr vorbei, um den Hund zu streicheln. Sie versorgte die Kinder mit Häppchen und war behilflich bei so manchen Hausaufgaben. Durch die Anwesenheit der Kinder mit all dem lustigen Geplapper wurde der Alltag für Hilde erfrischend, lebendig und fröhlich. Für Hilde hatte ein neuer sinnerfüllter Lebensabschnitt begonnen.

Anders bei Harald, der als Firmeninhaber und Familienvater mitten im Leben stand und gefordert wurde. Er war erfüllt von seiner beruflichen Tätigkeit und der Liebe zu seiner Familie. Darin sah er seinen Lebenssinn.

Anton und Sabrina erklärten mir ihren Lebenssinn so, dass sie jeweils ihren Beruf hatten, der sie ausfüllte und mit dem sie glücklich und zufrieden waren. Dazu hatten sie einen netten Bekanntenkreis, hatten Haus und Garten sowie zwei Enkel, um die sie sich leidenschaftlich kümmerten. Sie fühlten sich in jeder Hinsicht geliebt und gebraucht und das erfüllte die beiden mit Stolz und Freude und sie sahen das als ihren Lebenssinn an.

Ich habe aber auch mit Menschen gesprochen, die in ihrem Leben keinen Sinn fanden, es waren hauptsächlich die, die sich einsam oder nutzlos fühlten. Und ich weiß, dass viele Menschen so empfinden.

Egal, welche Rolle wir in unserem irdischen Leben hier spielen, eine bedeutende oder eine unbedeutende. Egal ob wir uns als sinnvoll oder sinnlos empfinden, und egal, wie andere Menschen unser Leben bewerten, wichtig ist, dass wir uns niemals aufgeben, denn unser Leben macht immer Sinn. Es geht um einen höheren Sinn.

An diesem Kapitel schreibe ich während Corona-Zeiten. Gerade in Krisenzeiten bekommt der Mensch oft einen besseren Zugang zur universellen Kraft und für manche Menschen stellt sich nicht nur die Frage nach dem persönlichen Lebenssinn, sondern es stellt sich die Frage nach dem höheren „Sinn des Lebens". Dann, wenn es scheint, als würden sich Systeme infrage stellen oder sogar zerbrechen, werden wir auf uns selbst zurückgeworfen. Was bleibt uns, wenn wegbricht, was uns wichtig war? Wir müssen nicht daran zerbrechen, wir können mitgehen und lernen, auf unsere inneren Systeme zu hören und sie zu beachten. „Was ist nun der Sinn dieses ganzen Lebenstheaters?", fragen Sie vielleicht. Denken Sie bitte noch einmal zurück an das Lebenselixier „Glaube und Spiritualität". Zur Erinnerung: Aus Sicht unserer Seele besteht der Sinn des Lebens darin, sich in geistig-seelischer Hinsicht weiterzuentwickeln. Das geschieht, in dem sich unsere Bewusstheit durch all die gedachten Gedanken, Denkweisen, gefühlten Gefühle und gelebten Erfahrungen erweitert. Diese Bewusstseinserweiterung führt dazu, das eigene Wesen erkennen zu können, damit es sich entfalten und zu seiner wahren Größe und Wahrheit finden kann.

Deshalb sollten wir nach innen blicken und unseren geistigen Anteilen Aufmerksamkeit schenken. Und wenn wir dann auch noch regelmäßig unsere Gedanken und Denkweisen überprüfen und sie im Bedarfsfall bereinigen, wird unser Leben seine Kompliziertheiten verlieren und es kann sich eine neue Qualität einstellen. Das alles können wir so ganz nebenbei bewerkstelligen, neben all den Aktivitäten und Verpflichtungen, oder auch intensiver, je nachdem, wie wichtig uns die eigene Spiritualität geworden ist. Niemals vergessen sollten wir dabei, das Leben in Leichtigkeit zu genießen. Jede gemachte Erfahrung mitsamt den daraus resultierenden Erkenntnissen sowie auch jedes damit verbundene neue Denken, Fühlen und Handeln verschönert, bereichert und erleichtert unser Leben und bringt unsere Seele zum Erstrahlen. Tun wir etwas für die eigene Seele, tun wir in gleichem Atemzug etwas für andere Seelen, denn auf höherer Ebene ist jeder mit jedem verbunden.

Doch irgendwann, eines Tages, kommt unsere Zeit. Es ist die Zeit zu gehen. Wir gehen dahin, von wo wir einst gekommen sind, wir kehren zurück in unsere geistige Quelle, die unsere wahre Heimat ist. Der Kreislauf von „werden und vergehen" schließt sich. Ich glaube, es gibt wahrscheinlich kein Thema, das wir Menschen so scheuen wie das des Todes, fühlt es sich doch irgendwie an wie ein Schreckgespenst, das wir weit von uns fernhalten wollen. Es ist ja auch gut nachvollziehbar, warum wir das tun, denn es scheint eine undurchschaubare Materie zu sein. Ist es die Angst vor dem „Ausgelöschtsein"? Ist es die Angst, dem eigenen Leben etwas schuldig geblieben zu sein? Ist es die Ungewissheit, was durch den Tod mit uns passiert? Ich weiß es nicht. Doch eines weiß ich ganz sicher: *Nicht nur zu Lebzeiten spielt Spiritualität eine Rolle, auch der Tod ist eine hochspirituelle Angelegenheit.* Lange Zeit war ich der Meinung, dass mit dem Tode alles vorbei und zu Ende sei. Dieser Gedanke war damals stimmig und befriedigend. Doch gleichzeitig fragte ich mich schon, wofür sich all das Kämpfen und Streben denn lohnen sollte und wofür der Mensch etwas für die Seele tun sollte, wenn früher oder später ja doch alles auf Null steht. Auch fragte ich mich, was es mit Jesus' Worten auf sich hat, als er vom „ewigen Leben" sprach. Seither ist viel Zeit vergangen und heute ist mir klar, dass die Seele unser aller immerwährender Aspekt ist, der mit dem „ewigen Leben" gemeint ist. Sie ist der Anteil einer großen, geistigen Gesamtexistenz. Geht man einen Schritt weiter, taucht unwillkürlich die Frage auf, wie sich wohl der Tod vollzieht und wie die Reise weitergeht. Es gibt Tatsachen und Sätze, die auf mich sehr berührend und beruhigend wirken. Sie lauten:

„Jeder Mensch wird vom Beginn seines Lebens an begleitet von liebenden Geistwesen. Niemand ist je alleine."

„Sterben ist wie umziehen in eine andere Umgebung." – „Der Tod ist der Beginn eines neuen Lebens in Wahrheit und Weisheit." – „Wer den Tod versteht, versteht das Leben."

Die rein wissenschaftlichen Informationen boten mir nur einen Teil dieses großen Themas, denn das, was wirklich im Prozess des Sterbens vor sich geht, kann auch sie sich nicht erklären. Wie wir ja bereits wissen, gibt es vieles, das sich nicht erforschen lässt, das aber dennoch existiert. Mich interessiert die spirituelle, die geistige Seite, denn Geborenwerden und Sterben sind geistige Tore, durch die wir hindurchgehen. Jede Seele geht im Sterben ein in die göttliche Weite des Einsseins. Alle einschränkenden und begrenzenden Überzeugungen, jede Identifikation mit dem Körper und jede irdische Schwere löst sich auf. Der Tod ist ein Heraustreten aus dem physischen Körper. Sterben ist eine ganz persönliche Angelegenheit, jeder erlebt seinen Tod individuell. Doch es gibt Gemeinsamkeiten, die jeder beim Hinübertreten erlebt und darüber möchte ich Ihnen in ein paar wenigen Zeilen das beschreiben, was mir als wichtig erscheint: Was passiert eigentlich, wenn alle Körperfunktionen erlöschen? Es beginnt dann das geistige Leben. An dieser Stelle sei noch einmal an die Entscheidungsfreiheit der Seele erinnert. Setzen wir nun voraus, sie entscheidet sich, dem sich nun einstellenden göttlichen Ruf zu folgen, indem sie einem wunderschönen, hellen, warmen Licht folgt und auch ihren Geistführern, die sie nun „sieht", wird sie hineintreten in die Energie einer absoluten, grenzenlosen Liebe, eines Friedens und einer Geborgenheit, wie sie es noch nie erlebt hat. Sie tritt ins Licht hinein, in eine andere, neue Bewusstseinsebene, ins kosmische Bewusstsein.

„Der Tod ist das Tor zum Licht am Ende eines langen Weges." (Franz von Assisi)

So verabschiedet sich also der Mensch vom irdischen Leben und durchläuft hierbei Sterbephasen. Es ist deshalb nicht zu spät, dem Sterbenden oder bereits verstorbenen Menschen noch etwas zu sagen, wie z. B.: „Ich liebe dich" oder „Es tut mir leid". Die Verstandesebene gibt es nicht mehr, der Verstorbene befindet sich jetzt in einem höheren Bewusstseinszustand, wo ihm die Dinge auf eine Weise bewusstwerden wie nie zuvor. Und er bekommt dennoch alles mit, was irdisch gerade geschieht und gesprochen wird. Während einer dieser Sterbephasen sieht er auch sein gelebtes Leben im Schnelldurchlauf vor dem geistigen Auge ablaufen. Auf dieser hohen geistigen Ebene wird ihm alles bewusst, was er je sagte und tat, und letztendlich wird er sein Leben bewerten mit all den Handlungen, Taten und Gedanken. Großes Erkennen, Seelenheilung und Läuterung findet statt. Was immer auch zu Lebzeiten geschah, *nicht Gott wird Gericht halten über ihn, sondern die nun erkennende Seele tut dies selbst.* Der Tod ist nicht das Ende allen Seins. Sterben ist der Übergang in eine andere, eine feinstoffliche Dimension. Es heißt, für die Seele mit allem, das sie verinnerlicht hat, ist das wie „Heimkommen" nach einem anstrengenden Arbeitstag. Die Seele hat für dieses Leben ihren Sinn oder Aufgabe erfüllt. In dem Seelenzustand, wie er noch zu Lebzeiten war, tritt sie nun in die geistige Welt ein. Das bedeutet, dass ein Mensch, der z. B. in seinem Leben zutiefst unglücklich war, auch in diesem Zustand in die geistige Welt eingeht. Und einer, der in einem solch unglücklichen Zustand sein Leben selbst beendet hat, der wird auch in diesem Seelenzustand eingehen in die geistige Welt.

Es ist deshalb gut, wenn wir zu Lebzeiten lernen, unser Inneres – die Gedanken und Gefühle – einigermaßen hochzuhalten und Frieden mit uns selbst zu schließen, denn für den Sterbenden, der wir eines Tages sein werden, wird es leichter, sich vom Leben zu verabschieden mit einem friedlichen und erhöhten Bewusstsein. Auch ist es gut, wenn wir zu Lebzeiten daran denken, Frieden mit den Mitmenschen zu schließen und uns Geschenke zu machen. Auch wenn es „nur" freundliche Worte oder kleine Gesten der Aufmerksamkeit sind, ehrlich gemeint und von Herzen kommend, wie beschrieben in einem Gedicht von Peter Rosegger: „Schenkt euch viel mehr Blumen zu Zeiten des Lebens, denn auf dem Grabe blüh'n sie vergebens."

Geburt und Tod sind die Höhepunkte des Lebens, es sind mächtige Schöpfungsakte. Jeder hat die Lebenszeit, die er braucht, um sein Leben hier zu vollenden. Es gibt keine Zufälle, so ist auch der Zeitpunkt des Todes kein Zufall. Und für manche Menschen bedeutet das eine sehr, sehr kurze Lebenszeit. Vollendet ist das Leben dann, wenn „erledigt" ist oder „erfahren" wurde, wofür man hierhergekommen ist.

Betrachtet man den Tod aus solch einer höheren Warte, kann sich manches relativieren und der Tod einer geliebten Person kann vielleicht nach einer gewissen Zeit besser verkraftet werden, wie z. B. der Tod des eigenen Kindes. Was könnte schlimmer sein? Viele Menschen – Mütter, Väter, Familienmitglieder – verlieren ein Kind und werden zu Lebzeiten damit nicht fertig. Manche quälen sich mit Selbstvorwürfen oder verharren in Schuldgefühlen. Im nächsten Kapitel der Lebens- und Heilungsgeschichten berichten Katrin und Matthias, wie sie es schafften, nach dem Tod ihrer kleinen Tochter und nach einer darauffolgenden jahrelangen „Hölle auf Erden", wieder ins Leben zurückzufinden.

Ist eine geliebte oder nahestehende Person verstorben, entsteht wahrscheinlich erst einmal eine große Leere. Alles ist plötzlich so ganz anders, als es war. Sich zu erlauben, diese Leere zu fühlen, ihr Raum zu geben und sich nicht abzulenken, ist ein wichtiger Schritt zur Bewältigung. Den inneren Kampf aufzugeben gegen etwas, das geschehen und nicht mehr zu ändern ist, sondern zurückzudenken an die Zeiten, die mit diesem Menschen verbracht wurden, gehört ebenso dazu, wie daran zu denken, dass der Verstorbene auch „losgelassen" werden will.

Im Grab liegt „nur" der Körper, doch es ist für Hinterbliebene in der Regel ein wichtiges Symbol um an den Toten zu denken. Aber auch zu allen anderen Zeiten und Orten dürfen wir an ihn denken und Gedanken des Wohlwollens und der Liebe abschicken. Das sind Lichtblicke, die sich sehr, sehr gut und stimmig anfühlen können. Der Tod ist nun einmal unser Begleiter, doch er trägt auch eine stille Schönheit und einen tiefen Frieden in sich.

Lassen wir unsere Verstorbenen ihren Weg in einer anderen Welt gehen in Frieden, Freundschaft und Liebe und würdigen ihr gelebtes Leben. Wir dürfen ihnen verzeihen, wir dürfen uns bei ihnen entschuldigen, wir dürfen danken und beten. All das kann dazu beitragen, wieder in die eigene Mitte und Ruhe zu kommen und weiterzuleben mit dem Verstorbenen im Herzen. Alles, was geschieht, hat seinen tieferen Sinn.

Und so wird diese Seele ihre „Lebensreise" auf einer höheren Ebene fortsetzen und wird vielleicht eines Tages wiederkehren mit neuen Aufgaben oder anderen Themen. Und manchmal, wenn wir das Gefühl haben einer seltsamen, unerklärlichen tieferen Vertraut- oder Verbundenheit zu einer Person, kann es sein, dass wir ihr schon einmal begegnet sind ... irgendwann und irgendwo.

Aus dem praktischen Alltag: Lebens- und Heilungsgeschichten, spirituelle Gedanken und geistige Gesetzmäßigkeiten

Gleich zu Beginn möchte ich anknüpfen an das letzte Kapitel und Ihnen von Kathrin und Matthias berichten, die ich auf einem Seminar kennenlernte, gerade als die beiden ihr Trauma verarbeitet hatten. Und das haben sie sehr beeindruckend getan, wie ich finde. Folgend ihre Geschichte in Kurzform. Sie erzählen: „Kaum ein paar Monate auf der Welt, verloren wir unsere kleine Tochter Manuela. Sie starb plötzlich und unerwartet. Eine Todesursache wurde nicht gefunden, sie ist gestorben, einfach so. Manuela war gesund ab dem Zeitpunkt ihrer Geburt, wir waren unendlich glücklich und freuten uns auf die Zukunft zu dritt. Dieses Glück und diese Freude währten jedoch nur bis zu diesem Sonntag, an dem wir mit Manuela im Park einen Spaziergang machten und an dem die Welt für uns zusammenbrach. Manuela saß in ihrem Wägelchen, als ihr Herz aufhörte zu schlagen. Und niemand wusste warum. Ihr Tod war so sinnlos und diese inneren Schmerzen, dieses Leiden, das wir ab diesem Zeitpunkt fühlten, ist kaum zu beschreiben. Es war, als wäre unser Leben vorbei. Es folgten Phasen, in denen wir unsere Beziehung zueinander sehr vernachlässigten, Streit war an der Tagesordnung. Zum ersten Mal im Leben waren wir so direkt mit dem Tod konfrontiert und hatten keine Ahnung, wie wir damit umgehen sollten. Jeder trauerte auf seine Weise. Ich machte Matthias Vorwürfe dafür, dass er irgendwann wieder ‚normal' leben wollte. Ich beurteilte das als Verrat an unserem Kind. Wir lebten nur noch nebeneinander her. Freunde rieten uns zu einer Gesprächstherapie und wir fanden sie in einer ganz wunderbaren Psychologin mit spirituellem Hintergrund. Das war der Wendepunkt. Dank unserer Therapeutin wurde uns die tiefere Bedeutung des Lebens und des Sterbens bewusst. Wir bekamen den Tod aus spiritueller Sicht erklärt, erhielten Einblick in die großen geistigen Gesetzmäßigkeiten und lernten, diese in unseren Denkweisen zu berücksichtigen. Eine dieser Gesetzmäßigkeiten besagt, den Widerstand aufzugeben gegen etwas, das nicht zu ändern ist. Wir mussten lernen zu akzeptieren, denn Akzeptanz ist der erste Schritt zur Bewältigung und ist Voraussetzung für innere Heilung. Eine weitere Gesetzmäßigkeit, die uns sehr half, lautet: ‚Alles, was wir in Gedanken und Gefühlen festhalten, hält auch uns fest.' Also müssen wir unseren inneren Schmerz irgendwann einmal auch wieder loslassen und ihn umwandeln. Dieses Umwandeln konnte sich in unserem Falle einstellen, indem wir die Zusammenhänge erkennen durften, die zwischen unserer materiellen Welt und der geistigen Welt bestehen. So oft wir in den Himmel schauten und im Geiste zu unserer Tochter sprachen, umso weiter wurde unser Blick und umso größer wurde das Verstehen. So ganz nebenbei stellten wir fest, dass sich in unsere Ehe die altvertraute Harmonie wieder eingestellt hatte, zudem aber auch noch eine tiefere Zuneigung zueinander, wie wir das bislang nicht kannten. Wir lernten, dass jeder Mensch anders trauert, und Männer tun das sowieso anders als Frauen.

Als die Therapie beendet war und wir uns verabschiedet hatten – dankbar für all die wertvollen Informationen – lernten wir Betroffene kennen und konnten uns gegenseitig helfen und wir begannen Bücher zu lesen." Und dann kam diese eine Nacht. Kathrin erzählt: „Es war die Nacht, in der mein trauriges Innere vollends geheilt wurde. Diese Nacht brachte mir einen – ich nenne es mal ‚Traum' – obwohl es mehr war als nur ein Traum. Darin ereignete sich Folgendes: Ich sah Manuela! Ich sah mein liebes, kleines Kind in einem weißen langen Kleidchen über eine Blumenwiese laufen. Die Sonne schien, die Schmetterlinge tanzten, sie lachte und lief mir entgegen. Sie kam mir näher und näher, dann blieb sie vor mir stehen. Sie war nun direkt vor mir, lächelte sehr sanft und weise und sie sprach zu mir: ‚Mamilein, bitte sei nicht mehr traurig. Bitte lache wieder und sei glücklich. Sei glücklich, so wie ich es hier bin. Sag das auch Papa. Meine junge Seele war noch nicht gut genug ausgerichtet auf ein Erdenleben. Ich ging, als ich das erkannte. Für euch bietet mein Tod einen sehr, sehr großen Reifesprung. Ich liebe euch!' Nach diesen Worten hüpfte sie noch ein paar Momente fröhlich umher, bevor sie über die Blumenwiese zurücklief, dahin, von wo sie kam. Sie entfernte sich weiter und weiter, hüpfte und lief, bis sie aus meinem Blickfeld verschwand. Dann wurde ich wach, geweckt von Matthias, denn ich weinte. Ich weinte so bitterlich, dass er es nicht mehr aushalten konnte. Ich war nun wach und merkte, dass es keine Tränen der Traurigkeit waren. Es waren Tränen der Erleichterung, des Glücks und der Befreiung. Eine Welle positiver Energie überkam mich. Dieser Zustand dauerte einige Minuten und war unbeschreiblich läuternd. Mein tonnenschwerer Seelenschmerz schien wie weggeblasen. Und mein lieber Ehemann war so mitfühlend, dass er dieses Traumerlebnis in gewisser Weise auch als seines empfinden konnte. Ich wusste auf eine Art, dass mein geliebtes Kind lebt. Sie ‚lebt' auf eine andere Art und in einer anderen ‚Welt'. Wir tragen unsere Kleine stets im Herzen, denken aber nicht mehr in der Kategorie des Trauerns und des Schmerzes an sie. Ihr Tod hat nicht mehr die Note der Negativität und Tragik an sich, obwohl sie uns natürlich sehr fehlt. Diese Lebensphase, die wir durchleben mussten, dauerte zwar ein paar Jahre, doch wir haben heute ein anderes Bewusstsein für die Tiefe des Lebens. Wir lernten unglaublich viel in dieser Zeit. Der Tod gehört zum Leben, jeder kann in jedem Moment davon betroffen werden. Wir möchten auch dazu ermuntern, dass niemand seine Probleme alleine bewältigen muss. Um welches Thema auch immer es geht, man sollte nicht zu stolz sein, sich helfen zu lassen und auch nicht glauben, alles alleine bewältigen zu können, denn der eigene Wissensrahmen ist ja doch begrenzt. Wir waren am Boden und wären wohl heute noch dort, wenn wir nicht nach gezielter, adäquater und professioneller Hilfe geschaut hätten. Das Leben ist ein stetes Geben und Nehmen. Heute sind wir der, der Hilfe braucht, morgen können wir Helfer sein. Manchmal genügt ein guter Zuhörer, manchmal braucht es mehr. Die geistige Welt ist eine ebenso reale Welt wie diese uns bekannte irdische Welt. Heute ist uns klar, dass es ein großes ‚Sein' hinter dem Tod gibt und dass nichts, was geschieht, ohne Sinn ist. Dadurch wurde der Tod unseres Kindes erträglicher. Wir bedenken, dass das Leben schnell vorbei sein kann und dass wir uns dieses Leben gegenseitig nicht unnötig schwer machen sollten. Alles in allem leben wir heute wesentlich bewusster."

Zum Thema „Traum" erinnere ich mich an Roswitha, die von jeher ein Mensch ängstlicher Natur ist. Als ihre Tochter Lisa-Marie geboren wurde, war sie in ständiger Sorge um ihr Kind. Später in der Schule erreichten die Ängste ihren Höhepunkt. Roswithas Besorgtheit war so extrem, dass irgendwann nicht nur sie selbst darunter litt, sondern auch Lisa-Marie. Eines Nachts hatte auch Roswitha eine „Erscheinung". Es war eine Nacht, in der ihr Geist wohl sehr offen war für höhere, feine Schwingungen. Roswitha berichtet: „Ich sah meinen längst verstorbenen Vater vor meinen Augen. Ich sah ihn so, wie ich ihn in Erinnerung hatte und ich vernahm folgende Worte: ‚Hab' keine Angst, ich pass' auf sie auf.' Diesen kurzen Moment werde ich mein Leben lang nicht vergessen. Es war ein unglaublich schönes Erlebnis, das mir meine Ängste nahm und mir Vertrauen gab. Ich hatte zu keiner Zeit Zweifel an dieser Botschaft, es war weder Traum noch Einbildung oder Wunschdenken. Es war eine Realität der unbegreiflichen Art. Ich wusste – ich glaubte nicht nur, sondern ich wusste – dass Lisa-Marie beschützt wurde. Als ich dieses Erlebnis verdaut hatte, wollte ich mehr erfahren auf diesem Gebiet. Seither weiß ich, dass Verstorbene auf ihrer hohen geistigen Ebene nicht nur starke Gefühle von einst vertrauten Personen wahrnehmen, sondern dass sie auch schützende Energien aussenden können. Die geistige Welt ist mir seither näher geworden."

Im Zusammenhang mit dem Thema „Heilung" bietet Clarissas Geschichte ein hervorragendes Beispiel für körperliche Heilung durch seelische Heilung. Clarissa erzählt: Dreißig Jahre lang war ich ausschließlich für andere da, meine Familie, den Beruf, Freunde. Hauptsächlich das Wohl und die Bequemlichkeit meiner Männer – Klaus, meinem Ehemann und das unserer drei Jungs lagen mir am Herzen. Mit gleicher Hingabe pflegte ich stundenweise Klaus' kranke Eltern. Alle nutzten das gründlich aus. Irgendwie brauchte ich wohl eine Art Existenzberechtigung, die ich in dieser aufopferungsvollen Rolle fand. ‚Was sonst als meine Hilfestellung konnte ich anderen Menschen schon bieten?', so dachte ich. Wie unbedeutend und unwichtig empfand ich mich, wenn ich mich nicht für etwas einsetzte, das von Bedeutung war. Im Nachhinein und psychologisch gesehen wurde offensichtlich, welch ‚kleines' Bild ich von mir selbst hatte und wie ich mich unbewusst für dieses Selbstbild verachtete. Worte der Anerkennung oder des Dankes bekam ich nicht, es war alles so selbstverständlich geworden. Niemanden interessierte, ob ich all diese Belastungen packte. Keiner machte sich Gedanken, dass auch ich Wünsche und Bedürfnisse haben könnte. Mein Hobby, meine Leidenschaft war schon immer die Musik, auch das habe ich eingestellt aus Zeitmangel. Aber ich beklagte mich nicht und änderte auch nichts an diesen Situationen. Seltsam war, dass immer dann, wenn ich alles besonders gut machen wollte und meiner Aufgabe noch eins draufsetzte, um alle zufriedenzustellen, dass immer dann eine gewisse Verachtung im Verhalten der anderen durchkam. Eines Tages merkte ich, dass meine Lebensfreude weniger und weniger wurde. Und dann spürte ich eine Beklommenheit. Mein Hals schnürte sich häufig zu, ich merkte, dass ich psychisch labil wurde und mich so gar nicht mehr wohlfühlte. Um es abzukürzen: Ich schlitterte zum ersten Mal in meinem Leben in eine handfeste Depression, die mich niederzuringen drohte. Daraufhin bekam ich körperliche Probleme und teilweise schwere Krankheiten, die mit längeren Klinikaufenthalten verbunden waren. Es wurde zu einem Kreislauf, den ich allmählich unterbrechen musste, denn Psychotherapie und Klinik wechselten sich ab. Darin sah ich keinen Sinn mehr.

Eines Tages kam ein Geistesblitz daher, der mich nicht mehr losließ: Jetzt, wo ich in diesem Schlamassel gefangen war, wollte ich etwas tun, wozu ich vorher nie den Mut gehabt hätte, das aber schon immer mein Traum war: Ich wollte für eine gewisse Zeit alleine auf eine Insel, um meiner Musik nachzugehen. Es war mein Herzenswunsch und nach einigem Für und Wider war die Familie einverstanden. In dieser Situation konnte mir natürlich keiner einen Wunsch abschlagen. Ich wollte mich endlich einmal nur auf mich selbst besinnen, in den Tag hineinleben, ohne Vorschriften und Pflichten. Gesagt, getan. Dieser Gedanke war stimmig und ich fühlte mich schon lange nicht mehr so eigenmächtig. Es vergingen sage und schreibe vier Monate, in denen ich mich auf dieser Insel nicht krank, sondern im Gegenteil, gesund, froh, glücklich und beseelt von meiner Musik fühlte. Ich erlebte keine Depression in dieser Zeit und auch keinerlei sonstige körperliche Beschwerden. Ich liebte dieses Musikerleben und all die tollen Menschen, die ich kennengelernt hatte. Sie wussten um mein Schicksal und brachten mich auf neue Gedanken. Ich lebte ein völlig anderes Leben. Hier drehte sich nichts um Sorgen-Machen oder Leistung-Bringen. Alle waren hier so liebenswürdig, warmherzig und uneigennützig. Die Atmosphäre war leicht und locker und selbst Probleme wurden im Handumdrehen vertrauensvoll und freundschaftlich gelöst. Ich war unendlich zufrieden in dieser kleinen Welt. Irgendwann wurde mir bewusst, dass es mir schon lange nicht mehr so gut ging, dass ich keinerlei körperliche Symptome hatte, deshalb flog ich nach Hause zur Untersuchung. Was ich jetzt sage, glaubt mir wahrscheinlich niemand, aber es ist wahr: Es wurden keinerlei Anzeichen meiner diversen Krankheiten mehr gefunden. Ich fühlte mich geheilt! Doch wie konnte das geschehen sein? Zurück auf ‚meiner Insel' und meinen Freunden wurde mir das so erklärt: Jeder Mensch ist ein großes Wunder, ein Kraftwerk, das Selbstheilungskräfte besitzt und sich von fast allem regenerieren kann. Das geschah bei mir einerseits körperlich – ich unterzog mich dort einer naturheilkundlichen (Entgiftungs-) Behandlung. Und auch mein Geist wurde entgiftet. Meine alten Gedanken, die sich meist um Probleme drehten, meine daraus hervorgegangene negative Einstellung, das Verleugnen meiner eigenen Bedürfnisse wurden umgedreht. Zum ersten Mal in meinem Leben konnte ich mich ohne schlechtes Gewissen um mich und meine Wünsche kümmern. Und zwar so lange, wie es sich richtig für mich anfühlte. Förderlich war ganz bestimmt auch, dass ich spürte, dass sich fremde Menschen um mich bemühten. Es war mir eine bisher nicht gekannte Erfahrung, dass hier Geld eine Nebenrolle spielte, meine neuen Freunde waren bedingungslos und unentgeltlich für mich da, einfach deshalb, weil sie mich mochten. Mein Therapeut, der in der geistigen Heilung tätig war, entschlüsselte mir die Heilung des Körpers durch die Heilung des Geistes. All meinen Gedanken- und Seelenmüll konnte ich loswerden. Ich erkannte nun auch endlich, wie fein die eigene Gedankenenergie auf andere Menschen wirkt. Mir stand wohl die ganzen Jahre förmlich auf der Stirn geschrieben: ‚Ich verachte mich selbst! Bitte verachte auch du mich, damit mir dieses falsche, unbewusste Gefühl der Selbstverachtung bewusstwerden kann!' Hier auf dieser Insel war ich oft tief in mich versunken und ließ einfach nur zu, dass sich Körper und Seele von der dortigen Natur, dem Licht, der Pflanzen und dieser heilenden Ruhe aufladen konnten. Es war seltsam, aber ich tat das alles nicht meiner Leiden wegen. An sie dachte ich zeitweise schon gar nicht mehr. Ich tat es meiner Seele wegen, die um Beachtung und Erkennen rief. Ich hatte jahrelang ihren Ruf überhört. Bis diese Krankheiten kamen. Wenn ihr mich nun nach dem Rezept fragt für meine Genesung, kann ich nur folgendes sagen: Es hat schon auch sehr etwas mit dem Zutrauen zu sich und der eigenen Lebenskraft zu tun und mit einem gewissen Verständnis für die universalen Gesetzmäßigkeiten. Krankheit in Seele und Körper schleicht sich oft schon ein durch permanent falsche Gedanken und Gefühle, die zu einer tiefempfundenen Wahrheit geworden sind. Die Auswirkungen können gravierend sein, wenn ich mein Leben z. B. in dem Gefühl der ständigen Benachteiligung lebe, in einem Gefühl, nicht genug bekommen zu haben an Liebe, Geborgenheit, Anerkennung. Oder wenn ich in einem Gefühl der Missachtung oder Geringschätzung meiner Person durch andere lebe. Hier ist die Geisteshaltung des Menschen entscheidend, denn sie ist groß und mächtig, und alles, was wir durch sie gedanklich anziehen, wird groß und mächtig, was dann letztendlich eben auch in einer Krankheit enden kann. Deshalb begann ich, meinen Körper zu lieben, ihn nicht mehr zu hassen wegen dieser Krankheit. Mein Therapeut erklärte es mir so: ‚Willst du heil und gesund sein, musst du dich auch heil, gesund und ganz fühlen. Bist du krank und willst gesund werden, so frage dich, ob sich Gesundheit wirklich einstellen kann, wenn du in Gedanken nur mit Krankheit beschäftigt bist und dich krank siehst? Genauso gilt dies für alle anderen Lebenssituationen. Wichtig ist, dass du dich zuerst in Gedanken so siehst, wie du sein willst, dass du das, was du empfinden willst, auch fühlen kannst und dass du dir auch selbst das gibst, das du dir von anderen erwünscht: Willst du dich verlieben oder willst du geliebt sein, solltest du Liebe empfinden und dich selbst lieben. Willst du anerkannt sein, solltest du dich selbst anerkennen und dich in Gedanken anerkannt sehen. Willst du in Fülle leben, solltest du die Fülle sehen, auch dann, wenn du gerade im Mangel lebst. Bevor du Erfolg haben kannst, solltest du dich erfolgreich sehen und an deine Kraft und Energie glauben.' Ja, so unvorstellbar es auch klingt, aber so ist mein Heilungsprozess abgelaufen. Das heißt aber nicht, dass das, was ich erlebte, eins zu eins umsetzbar ist für jeden anderen Menschen, denn Heilung läuft auf ganz unterschiedliche Weise ab und es gibt auch die unterschiedlichsten Heilungsmethoden. So ging ich also zurück zu meiner Familie, glücklich und geheilt. Ich ging zurück in meinen Alltag, allerdings als neuer Mensch mit neuen Gedanken, neuem Wissen und einer neuen Lebensphilosophie. Auf mein Nachtkästchen habe ich einen Zettel gelegt, auf den ich zwei Sätze notiert habe: ‚Beginne und beende jeden Tag mit ein paar guten Gedanken um dich selbst.' – ‚Hab' Vertrauen in dich und in Gott und habe Mut, denn du bist stärker, als du glaubst.'

Äußerst erwähnenswert finde ich auch Richards Heilung, die – wie er sagt – etwas Mystisches an sich hat. Richard war mit seiner kleinen Familie einst neu zugezogener Nachbar und seit kurzem Vater. Als wir uns erstmalig ein wenig intensiver unterhielten, erzählte er Folgendes: „Als mein Sohn geboren wurde, konnte ich nichts mit ihm anfangen. Ich konnte ihn noch nicht einmal in den Arm nehmen. Ich spürte so etwas wie Abneigung gegen ihn, was über kurz oder lang meiner Frau nicht verborgen blieb. Es war eine schreckliche Zeit und irgendwann war uns klar, dass wir der Sache auf den Grund gehen mussten, so konnte es nicht weitergehen. Nach langem Rätselraten, wo man hier ansetzen konnte, kam der ‚Zufall' zu Hilfe und ich entdeckte einen Flyer, der über ‚Familienaufstellung' informierte. Ich suchte nach einer Person, die diese Kunst beherrschte. Familienaufstellung ist eine Methode zum Erkennen tiefliegender Angelegenheiten. Mir war wichtig, dass mir diese Person, der ich mich anvertraute, sympathisch und vertrauenswürdig ist, deshalb führte ich vorab ein längeres Telefongespräch. Dabei konnte ich mir ein Bild machen von den Ansichten, dem Können und dem Wissen. Nun konnte ich mich beruhigt zu dem Termin aufmachen, doch zuvor zog ich mich in ein stilles Kämmerlein zurück, um noch etwas nachzudenken über die geistigen Heilweisen. Und ich bat mit einem Blick nach oben um Heilung. Es ist nicht erklärbar, wie so etwas geschieht, aber ich weiß, dass auf einer hohen, geistigen Ebene Heilung von alten Traumata und sonstigem stattfinden kann. Bei mir kam nun also in der Familienaufstellung zutage, dass es sich um einen Schwur, ein Versprechen handelte, das ich einst vor mir selbst in einem vorangegangenen Leben abgegeben hatte, niemals mehr ein Kind in die Welt zu setzen. Diese Familienaufstellung, bei der mit heilenden Energien ‚gearbeitet' wurde, setzte etwas in Gang bei mir, das mich befreite von dieser ‚alten' Angelegenheit. Es war für mich ein Wunder, aber wer so etwas einmal erlebt hat, weiß, dass es Wunder gibt. Zu Hause angekommen, betrachtete ich zuerst lange Zeit meinen kleinen Jungen. Ich betrachtete ihn mit anderen Augen, es waren liebende, verstehende Augen. Am zweiten Tag beschäftigte ich mich den ganzen Tag mit ihm. Und am dritten Tag nahm ich ihn in den Arm und hätte ihn am liebsten nicht mehr losgelassen."

Folgend erzählt Frederic und im Anschluss daran berichtet Alexandra über die Vorzüge eines guten Gewissens. Sie erzählen von ihren Erlebnissen, die ihnen nicht nur neuen Erfahrungsschatz, sondern gleichzeitig auch Lebensweisheit einbrachte. Frederic erzählt: „Vor vielen Jahren wurde mir von meinen Eltern der Betrieb übergeben, eine Glaserei mit 16 engagierten Mitarbeitern. Der Betrieb lief zu allen Zeiten gut, meine Eltern waren damals, so wie es war, sehr zufrieden. Alle waren zufrieden: Mitarbeiter, Kunden, Lieferanten. Und dann kam ich als junger, moderner, aufstrebender Mann, der allen zeigen wollte, wie man mehr aus dem Betrieb machen kann. Ich malte mir schon das Umsatzplus aus und sah in Gedanken meinen Kontostand steigen. Und so begann ich mit der Umstrukturierung des Betriebes. Es ist ja nichts gegen Modernisierung zu sagen, doch dieses Rad, das ich da in Bewegung gesetzt hatte, lief zu schnell und brachte uns allen kein Glück. Ich nahm jeden Auftrag an, auch wenn das unser Leistungsvermögen überstieg. Von meinem Team verlangte ich deshalb alles an Flexibilität und Einsatz. Doch ich übersah und ignorierte so einiges. Ich übersah ihre Angespanntheit und die schlechte Stimmung, die sich eingestellt hatte. Ich übersah es, die Duldsamkeit und die Loyalität meines Teams zu schätzen und mich dankbar zu zeigen. Und ich ignorierte die stressbedingten gesundheitlichen Probleme, mit denen wir alle ab einem gewissen Zeitpunkt regelmäßig zu tun hatten. Meine Unzufriedenheit trotz der guten Auftrags- und Einkommenslage, meine Magenschmerzen, die dann irgendwann zu Magengeschwüren ausarteten, waren mir kein Warnsignal, sondern nur lästiges Übel. Irgendwie kam ich aus diesem Kreislauf nicht heraus. Erst als zwei Mitarbeiter gleichzeitig kündigten, wollte meine Frau diesem Spuk nicht mehr länger zuschauen und es kam Bewegung in dieses Treiben. Wir suchten gemeinsam nach einer guten Lösung für alle. Zuerst setzten wir bei mir selbst an und es wurde mir bewusst, welch schlechtes Gewissen ich in diesen Jahren ständig mit mir herumtrug, was wohl auch der Grund für meine Unzufriedenheit und die Magenprobleme war. Es war Fakt, dass ich meine Leute überforderte und dass ich ihnen deshalb schon lange nicht mehr in die Augen sehen konnte. Es war mir nicht einmal mehr möglich, fröhlich ‚Hallo' oder ‚Guten Morgen, wie geht's euch?' zu sagen oder durch nette Gesten zu zeigen, wie wertvoll sie mir alle doch waren. Sehr oft war mir danach, doch ich biss mir auf die Zähne, weil ich fürchtete, dass dadurch Unmutsäußerungen Tür und Tor geöffnet werden. Von nun an arbeitete meine Frau im Betrieb mit, jetzt entschied nicht mehr ich, wie viele Aufträge angenommen werden, sondern sie kümmerte sich um die Auftragseingänge. Sie sorgte für pünktlichen Feierabend der Mitarbeiter und für eine entspannte Stimmung. Es dauerte mehrere Monate, bis ich mich an dieses ‚weniger' gewöhnt hatte – weniger Arbeit, weniger Stress, aber auch weniger Geld. Was soll ich sagen: Ich, als umtriebiger, erfolgsorientierter Mann fühlte mich damit sogar sehr wohl, denn ich spürte deutlich, dass Geld nicht über einem guten Gewissen stehen sollte. Es war interessant zu beobachten, wie auch mein Team wieder aufblühte und motiviert zur Arbeit kam. Ich erkannte, dass ich der Freude an der Arbeit wieder mehr Bedeutung zumessen musste. Dadurch bin ich ausgeglichener geworden und etwas bescheidener, bin dankbar für das, was ich habe, und hadere nicht mit dem, das mir entgangen ist. Geld muss mir als verantwortungsvoller Unternehmer zwar nach wie vor wichtig sein, ein gutes Gewissen ist mir heute jedoch wertvoller denn je."

Und nun berichtet Alexandra von ihrem Erlebnis zu diesem Thema, das ziemlich einschneidend für sie war, weil sie dadurch erkannte, dass selbst ganz unscheinbare Erlebnisse Großes in einem Menschen bewirken können: „Es war ein herrlicher Sommertag, als ich zusammen mit meinem Ehemann und ein paar Freunden eine Fahrradtour unternahm. Es war hügeliges Gebiet und als wir auf eine langgezogene Abwärtsgerade zukamen, die in einen kleinen Ort hineinführte, ließen die meisten der Gruppe ihre Räder laufen. Ich war auf der Bremse und deshalb fielen mir auch die zwei Kinder am Wiesenrand auf, die die Köpfe nach unten richteten. Ich hielt an und gerade, als ich fragen

wollte, was los sei, sah ich den Grund auf dem Boden liegen. Es war eine junge Katze, die dort lag und sich scheinbar nicht bewegen konnte. Diese beiden liebenswürdigen Kinder plapperten gleich munter drauf los und erzählten, dass sie gerade auf dem Weg zum Spielplatz seien und dabei die Katze hier entdeckt hätten. Wir redeten ein bisschen und ich versuchte währenddessen, die Katze zum Aufstehen zu bewegen. Sie hatte keine sichtbaren Verletzungen, diese mussten also innerlich sein. Mittlerweile kam auch meine Radler-Gruppe wieder zurück, und dann ging es darum, was zu tun sei. Der Tenor war: ‚Da kann man nichts machen.' So hört sich die Verstandesebene an, dachte ich für mich. Viele Möglichkeiten gab es ja wirklich nicht, das musste ich zugeben. Doch einfach weiterfahren, Katze und Kinder einfach so zurücklassen, das kam für mich allerdings auch nicht infrage. Es war schon ein kleines Dilemma, in dem wir uns da befanden. Und so vereinbarten wir, dass die Gruppe weiterfahren sollte, mein Mann und ich würden bleiben und sehen, wie wir dieses Problem lösen konnten. Es blieb nichts anderes übrig, als die Katze mitzunehmen, um sie am nächsten Tag zum Tierarzt zu bringen. Wie wir sie jedoch transportieren wollten, war mir noch ein Rätsel. Egal, wird schon irgendwie gehen, dachte ich. Wir baten die Kinder, nach Hause zu gehen und uns einen Karton und ein Tuch für den Transport zu bringen. Als die beiden wiederkamen, hatte alles, was dann geschah, für mich den Anschein eines kleinen Wunders: Sie richteten schöne Grüße ihrer Mutter aus, die wusste, dass am Ende der Straße ein Tierarzt wohnte. Die beiden Kinder wollten unbedingt mitkommen und so machte ich mich mit ihnen auf den Weg. Währenddessen hoffte ich inständig, dass auch jemand zu Hause sei. Wir
 kamen an, ein Auto stand in der Einfahrt und ich hatte Hoffnung. Ich läutete und es wurde geöffnet, ich war erleichtert. Es war der Sohn des Hauses, die Mutter kam hinzu und nachdem alles geschildert war, machte sie folgenden Vorschlag: Der Sohn würde mitkommen, die Katze abholen, um sie dann dem Vater, der an diesem Wochenende im Nachbarort tierärztlichen Notdienst hatte, hinzubringen. Wir tauschten noch die Telefon-

nummern aus, ich war so dankbar und wollte für die Kosten aufkommen, die entstehen würden, doch das wurde abgelehnt. Das waren schon tolle Leute und es war eine tolle Erfahrung für mich, auch wenn der Anlass traurig war. Natürlich hatte ich mir diesen Tag anders vorgestellt. Doch auch ein schöner Tag geht vorbei, ein Gewissen jedoch bleibt. Ich war unendlich froh, voller Vertrauen auf mein Gefühl gehört zu haben. Hätte ich anders gehandelt, hätte ich wie meine Freunde rational entschieden und nur den Verstand nach einer Lösung befragt, hätten wir nichts unternommen. Ich weiß genau, dass mir das bis heute nachhängen würde. So konnte ich stolz sein auf mich, denn ich habe das Beste getan, das mir möglich war, ohne vorher zu wissen, wie es ausgehen wird. Durch dieses Erlebnis habe ich nicht nur gelernt, wie weitreichend ein gutes Gewissen ist, sondern auch, dass ich mich nicht leiten lassen möchte von Angst. Von einer Angst, eine Angelegenheit nicht im Griff zu haben und den Ausgang nicht vorhersehen oder berechnen zu können. Auf einen Nenner gebracht bedeutet das: Ich versuche, nicht nur mit dem Verstand zu handeln, sondern auch mit Herz und immer im besten Vertrauen auf einen Ausgang, der genau so sein wird, wie er eben sein soll. Meine Vorgehensweise bei Problemstellungen ist seitdem eine bessere. Dieses Erlebnis betraf zwar ‚nur' eine kleine Katze und mancher Kopfmensch wird sich bestimmt über meine Geschichte wundern. Doch es hat mir deutlich gezeigt, dass ein gutes Gewissen sich selbst gegenüber über allem anderen stehen sollte, egal um was es geht. Denn es entscheidet auf einer unbewussten Ebene darüber, wie ich mir selbst begegne: In Zufriedenheit oder in Unzufriedenheit. Häufen sich im Laufe des Lebens viele Situationen an, bei denen ich nicht entsprechend meinem Gewissen gehandelt habe, wird sich eine Frustration einstellen können, die nicht erklärbar ist. Deshalb versuche ich immer, mein Gewissen miteinzubeziehen, auch wenn eine Angelegenheit deshalb zu meinem Nachteil ausgeht."

Andreas, ein ausgeprägter Kopfmensch, erschien bei einer Lesung über „das Wesen der Engel". Mitgebracht von seiner Lebensgefährtin, hörte er sehr aufmerksam zu und wollte am Ende gerne eine Erklärung der Autorin haben für ein Erlebnis, das er kurze Zeit zuvor hatte. Folgendes hat sich zugetragen: „Ich bin ein Mensch, der sich innerlich häufig gestresst fühlt, sei es im privaten oder beruflichen Bereich. So auch an jenem Freitagabend, an dem ich einen Krankenbesuch in einer Klinik machen wollte, die 60 Kilometer von mir entfernt lag. Dieser kranke Mensch, der dort lag, bedeutete mir viel und so wollte ich ihn noch vor dem Wochenende, das ich für mich selbst brauchte, besuchen. Während der Fahrt, ich hatte gerade 30 Kilometer hinter mir, bekam ich plötzlich seltsame Zustände, wie Schweißausbruch, Unkonzentriertheit, Unruhe. Ich fuhr sofort auf den nächsten Parkplatz, um mich zu erholen. Als ich mich dann zum Weiterfahren entschieden hatte, geschah Folgendes: Wie von Geisterhand fühlte ich mich an den Schultern gepackt und zurückgedrängt in meinen Sitz. Ich hatte das Gefühl, mich nicht nach vorne bewegen zu können. Nach einigen Sekunden wusste ich: Zurück nach Hause, keine Weiterfahrt mehr in die andere Richtung! Das hat mir mein Gefühl mehr als deutlich signalisiert. Dies war eine unglaubliche Erfahrung für mich, eindrucksvoll und imposant. Es ging mir auf eine Weise äußerst nahe, obwohl ich es nicht begreifen konnte. Ich wusste nur, dass ich es mir nicht eingebildet hatte." Die Autorin erklärte Andreas und uns allen die Wirkungsweisen unserer geistigen Schutzwesen, der Engel: „Jeder hat Engel, die speziell für ihn da sind, ihn unterstützen und schützen. Achtet also auf euer Bauchgefühl, die innere Stimme. Auch auf direkte Botschaften, die euch auf verschiedenste Arten erreichen können. Die Engel stehen immer zur Seite: Helfend, wenn sie der Seele Bedürfnis, Wunsch oder direkte Bitte nach Hilfe vernehmen und schützend, wenn Gefahr für Leib und Leben droht. Dies geschieht aber nur in dem Ausmaß, wie es der Seelenplan dieses Menschen vorgibt. Einmal, eines Tages, wenn es dem Menschen bestimmt ist zu sterben, dann werden die Engel nicht eingreifen. Das ist Gesetz." Andreas war zu Tränen gerührt und sagte: „Irgendwie war mir klar, dass dieses Geschehen einen Sinn haben musste, dass in diesem Moment eine höhere Macht da war, die mir zeigen wollte, dass es sie gibt und die in diesem Moment nicht wollte, dass ich weiterfahre. Am nächsten Tag las ich in der Zeitung von einem schweren Autounfall genau auf der Strecke zur Klinik. Seither bin ich innerlich viel ruhiger, weil ich im Vertrauen bin. Für mich war dieses Erlebnis ein großes Geschenk, für das ich sehr dankbar bin."

Und nun noch ein persönliches Statement meinerseits. An anderen Stellen habe ich ja bereits einiges aus meiner eigenen Heilungsgeschichte erwähnt, doch so richtig in Gang gesetzt wurde sie erst, als ich die geistigen, die universellen Gesetzmäßigkeiten verstand, auf sie vertraute und sie anwandte. Davon will ich Ihnen gerne ein bisschen erzählen, denn mir hat das Leben oft genug gezeigt, dass es kein Wunschkonzert ist, dass die Dinge meist anders kommen als erhofft und dass sie mich aus dem Gleichgewicht bringen können. Doch wenn ich immer auch diese Gesetzmäßigkeiten ins Leben einlade und sie in meine Gedanken und Denkweisen miteinbeziehe, dann muss es nicht zu einem Jammertal und auch nicht zu einem Kampfplatz werden. Ich muss mich nicht aufarbeiten, das Leben kann fließen und es kann kommen, was in mein persönliches Leben kommen soll und was für mich bestimmt ist. Ich lernte, mich selbst und meinen eigenen Weg zu erkennen und ihn dann auch frohen Herzens zu gehen.

Da wäre zum Beispiel das Thema „Ängste" zu nennen. Ängste rauben Kraft und Energie, sie lähmen, sie verändern unser Wesen und Verhalten und bringen das Leben durcheinander. Ich wollte meine unterschwelligen und unspezifischen Ängste erkennen, zeigen sie doch unbewusste, offene gedankliche Baustellen auf, die noch dringend „Bearbeitung" bräuchten. So vieles – die Ängste sowie die seelischen Verwundungen – sind größtenteils eigene Schöpfungen und selbstgeschlagene Wunden. Eine geistige Gesetzmäßigkeit besagt: „Von anderen Menschen kann ich nicht mehr erwarten, als ich mir selbst gebe und ich kann nicht anders wahrgenommen werden, als ich mich selbst sehe und über mich denke." *Das strahle ich in die Welt hinaus, der andere Mensch nimmt diese feinen Schwingungen ganz unbewusst auf und kann gar nicht anders, als mich so zu behandeln, wie ich mich im Geiste selbst behandle.* Es geschieht also genau das, was ich doch eigentlich gar nicht wollte, vor dem ich mich doch eigentlich fürchtete. Ein Beispiel: Hege ich Ängste vor dem Missachtetwerden, vor Ausgegrenztsein, vor dem Verlassenwerden, werde ich genau diese Erfahrung machen. Ich werde sie so lange machen, bis mir mein fehlendes Selbstwertgefühl bewusstwird, das seinen Ursprung in falschem Gedankengut über mich hat. Folglich sah ich mir meine Ängste sehr gründlich an, sah so manche Unsinnigkeit und sah mein negatives Selbstbild. Das Ganze dient also nur dem Zweck, tief in sich hineinzufühlen und sich bewusst zu machen, was man über sich denkt und welche Energien man dadurch anzieht. Zwei weitere, sehr wichtige Gesetzmäßigkeiten lauten: „Macht euch nicht zu viele Sorgen, denn das sind nur eigene Ängste und sie verdunkeln euer Leben." Und: „Je größer die Verbundenheit mit Gott, desto kleiner die Ängste." *Welch eine Erleichterung, darum zu wissen! Ich konnte meine Ängste der Reihe nach auflösen.*

Eine weitere geistige Gesetzmäßigkeit lautet: „Die Lebenswirklichkeit nährt sich durch die Gedanken." *So wie ich die Welt sehe und wie ich über sie denke, wird sie sich mir zeigen. Suche ich ständig nach etwas, das ich kritisieren kann und empfinde alles als schlecht oder schlimm, so ziehe ich genau diese Energien an. Was ich aussende, kommt wie ein Bumerang zu mir zurück.*

„Zuverlässigkeit, Ehrlichkeit und Aufrichtigkeit mir selbst gegenüber schafft Klarheit, Frieden, Erfüllung und bringt Ordnung ins Denken. Dadurch bleibt der Geist gesund." *Alles andere bringt über kurz oder lang inneres Leid mit sich.*

„Es bringt nichts, nur am Körper herumzudoktern, wenn sich der Geist nicht ändert."

„Der Geist braucht Ruhe." *In dieser schnelllebigen Zeit, wo jeder alles erleben und nichts versäumen möchte, wo jeder mit seinem Wissen und seinen Aktionen vor anderen glänzen will, möchte ich mir bewusst machen, dass ich Ruhe und Entspannung im Alleinsein genauso brauche, wie ein schönes Miteinander und gute Freundschaften. Zwischenmenschliche Beziehungen, die basieren auf Zuneigung, Sympathie oder Wertschätzung, tragen etwas sehr Wertvolles in sich: Sie sind zuverlässig. Diese Zuverlässigkeit wirkt beruhigend auf den Geist, denn ich muss mich nicht immer wieder aufs Neue beweisen, um dem „Freund" ein interessanter Freund zu sein.*

„Verbeiß dich nicht an einem Zustand aus der Vergangenheit, denn er entspricht ja nicht mehr dem Jetzt." *Das, was ich innerlich loslassen kann, weil ich es durchdacht und „bearbeitet" habe, macht mich frei und bringt mein Leben wieder zum Schwingen.*

„Achtet darauf, dass ihr alles, das ihr tut, aus Liebe, Freude und aus vollem Herzen tut."

„Die Pole wollen gelebt sein." *So wie es heiß und kalt, oben und unten, hell und dunkel gibt, so gibt es ein (geistiges) Gesetz des Ausgleichs. Dieses Gesetz besagt, dass ich alles sein darf: Fleißig genauso wie faul, ehrlich wie unehrlich, ordentlich wie unordentlich, stark wie schwach, schnell wie langsam. Auch der Friedliche musste erst einmal den Unfrieden kennengelernt haben, um zu erkennen, dass sich der Frieden für ihn besser anfühlt. Und die Liebe wollte einst auch wissen, wie sich das Gegenteil anfühlt. Wir müssen uns für nichts verurteilen, doch manchmal sollten wir uns verpflichtet fühlen, schnellstmöglich zu lernen.*

Zu den wichtigsten und interessantesten Gesetzmäßigkeiten gehört meines Erachtens das „Spiegelgesetz". Es bedeutet Folgendes: Wir alle wissen ziemlich genau, was wir an uns selbst gut finden und was nicht. Es gibt Seiten an uns, die wir nicht mögen und die wir deshalb ablehnen, wie z. B. Eigenschaften, Verhaltensweisen oder Muster. Und dann sehen wir genau diese Seiten an einem Mitmenschen! Der Mitmensch (häufig ein eng Vertrauter oder Lebenspartner) spiegelt uns. Das Spiel beginnt: Wir verurteilen ihn für diese Seiten, sind genervt von ihm, werden übellaunig oder streitsüchtig. Denn wir erkennen nicht, dass es unsere eigenen Seiten sind, die wir hier verurteilen. Heilung besteht darin, diese Seiten ehrlich sehen zu wollen.

Schlusswort

Liebe Leserin, lieber Leser, was bleibt mir zum Ende meines Buches fürs Leben noch zu sagen? Ich wünsche Ihnen etwas: Ich wünsche Ihnen ein gelungenes Nachdenken über Vergangenes, einen unerschütterlichen Glauben an das Morgen, immer einen Funken Hoffnung für die Zukunft und von Herzen eine gute, glückliche Zeit.

Bewerten Sie dieses Buch auf unserer Homepage!

www.novumverlag.com

Die Autorin

Edith Ellwanger, geboren 1962 in München, ist verheiratet und lebt im Kreis Erding. Aufgewachsen mit Eltern und Schwester auf dem Lande, spürte sie schon früh eine große Verbundenheit mit der Natur, in die sie sich gerne zurückzog, um über die zwischenmenschlichen Probleme innerhalb der Familie nachzudenken. Dadurch wurde im Laufe der Jahre das Interesse an den Themen des Menschseins erweckt, das sich durch Vorträge, Seminare, Fachlektüre und vielerlei persönliche Gespräche weiter ausbaute. Neben ihrem erlernten und praktizierten Beruf der Einzelhandelskauffrau im Bereich Möbeleinrichtung hat sich diese Thematik zu einer großen Leidenschaft entwickelt. Das Bedürfnis, andere Menschen daran teilhaben zu lassen brachte Edith Ellwanger zum Schreiben, was zur Veröffentlichung ihrer ersten Publikation „Ein Buch für's Leben" führte.

novum VERLAG FÜR NEUAUTOREN

Der Verlag

„Wer aufhört
besser zu werden,
hat aufgehört
gut zu sein!

Basierend auf diesem Motto ist es dem novum Verlag ein Anliegen, neue Manuskripte aufzuspüren, zu veröffentlichen und deren Autoren langfristig zu fördern. Mittlerweile gilt der 1997 gegründete und mehrfach prämierte Verlag als Spezialist für Neuautoren in Deutschland, Österreich und der Schweiz.

Für jedes neue Manuskript wird innerhalb weniger Wochen eine kostenfreie, unverbindliche Lektorats-Prüfung erstellt.

Weitere Informationen zum Verlag und seinen Büchern finden Sie im Internet unter:

www.novumverlag.com